会社の目標を絶対に達成する
「仕組み」の作り方

后浪出版公司

百分之百实现目标的行为科学管理法

[日] 石田 淳 著
蔡晓智 译

使命必达

中国华侨出版社

前　言

"每年都会制订公司目标和经营计划，但不知不觉就被抛之脑后，目标总是无法实现。"

"员工不能团结一致朝目标前进。"

很多经营者都有类似的烦恼。

经营者或领导者的任务很艰巨。

他们要时刻考虑公司的利润。其实也就是考虑每名员工的生活和人生。

制订目标、实现目标，并获得利润，这关系到员工本人乃至其全家的生计。

经营者任重道远。所以他们总是殚精竭虑，思考怎样才能让公司稳健发展。

然而现实很残酷。

员工的做法往往与经营者的愿望背道而驰，他们的工作常常无法取得业绩。

当然，并非他们不认真或消极怠工。

而是他们的工作和行为不符合公司的要求和期望。也就是说，管理不好员工，就会使公司的理念，也就是经营者的愿望，成为空中楼阁。

员工不贯彻执行经营计划，不朝目标努力。

经营者为了员工的幸福考虑，而员工自己却没有行动。

考虑到不久的将来，管理者的烦恼更加数不胜数。

因为"人口减少时代"即将正式到来。

公司缺乏能够取得业绩的"人才"。

还有员工会因为工作不顺心而辞职离开。

遇到这种情况，想再招一个员工都很难。

更遑论"优秀人才"了，根本不可能马上找到。

而且，人口减少还会导致市场规模缩小，一直以来的业务将变得难以为继。所以经营者必须构建全新的商业模式。

这些工作都需要"人才"。需要可以理解公司的新规划，能努力工作并取得业绩的人才。而这些人才无法依靠招聘的方法来获得。那就只能将现有员工改造成朝着目标努力的人才。

那么，怎样才能将现有的员工改造成能够理解经营者的理念、朝着目标努力的员工呢？

经营者与每名员工推心置腹地交谈，让他们理解自己的理念？

给员工加薪以提高他们的干劲？

还是经常在全公司呼吁大家努力工作取得业绩？

这些做法都不对。

真正需要的是"机制"。

让现有的所有员工都理解公司的理念和计划，坚持为创造业绩所必需的行为，最终给公司带来效益。我们需要构建这样的机制。

人口减少时代已经到来，所以此项工作迫在眉睫。

本书讨论的是，"让员工行动起来的机制"。

这不是唯心主义，而是基于"行为科学管理"这门具有再现性[①]的、即任何人在任何时候行动都行之有效的科学管理方法提出的。

通过这种机制，经营者的理念会在公司确立下来，员工的精神面貌会焕然一新，也就可以实现公司的目标了。

因而公司可以取得稳定的效益，在人口减少时代生存下来。

结果就是如经营者所期望的，可以确保员工的幸福。

石田　淳

[①] 在改变了的测量条件下，对同一被测量的测量结果之间的一致性，称为测量结果的再现性。再现性又称为复现性、重现性。——译者注（后文如未特别注明，均为译者注）

目 录

前 言 / 1

Chapter 1　你的公司能生存下去吗？

"人才危机"并不是杞人忧天 / 3
不"发展"的公司留不住人才 / 8
"开发"人才是当务之急 / 11
不要误解"员工培训" / 15
管理者的理念必须得到贯彻 / 18
"谁做结果都一样"才有意义 / 22

Chapter 2　让现有员工变能干

"现有员工"变成"能干的人才" / 29
"没有能力"的两个原因 / 32
"行为"不能缺乏具体性 / 37

无印良品的工作手册厚达 2 000 页 / 42
工作手册要写"步骤" / 46
管理者需要能够"说清楚" / 49
没有检查，工作手册就会流于形式 / 54
创造"循序渐进"的环境 / 57

Chapter 3　让实现目标成为习惯

"行为"需要坚持下去 / 63
马上取得成果，行为才能确立 / 68

Chapter 4　让员工"行动起来"

将"不得不做"变为"因为想做，所以做" / 77
结果是关键 / 80
员工真正想要的"回报" / 83
用形式多样的报酬改变员工的行为 / 88
表扬的秘诀是"迅速" / 93
有效的表扬和无效的表扬 / 97
摒弃"反正也做不到"的想法 / 100
整体薪酬回报制度 / 104

Chapter 5　百分之百实现目标

一线管理者是关键 / 111
目标本身其实不重要 / 115
"企业哲学"让公司更快发展 / 118

体现"公司如何看待员工" / 121
企业理念：展现公司的独特魅力 / 126
经营计划：让员工看到挑战和发展 / 131
高水平员工的行为：直达公司目标 / 138
"机制"是公司的武器 / 142

结　语 / 145
出版后记 / 148

会社の目標を絶対に達成する
「仕組み」の作り方

CHAPTER 1

你的公司能生存下去吗？

"人才危机"并不是杞人忧天

● 人口减少的时代,你该怎样做?

日本即将进入人口骤减时代。

所谓的"人口减少时代"即将到来。

其实可以说已经到来了。

市场缩小,企业不要说增加销量了,连维持现状都很困难。

请看下面这份来自国土交通省国土规划局的资料。

预计 2050 年日本人口会减少约 3 300 万,降至 9 515 万人(老龄人口比例为 39.6%)。

而 2015 年正是人口急剧减少的时期。

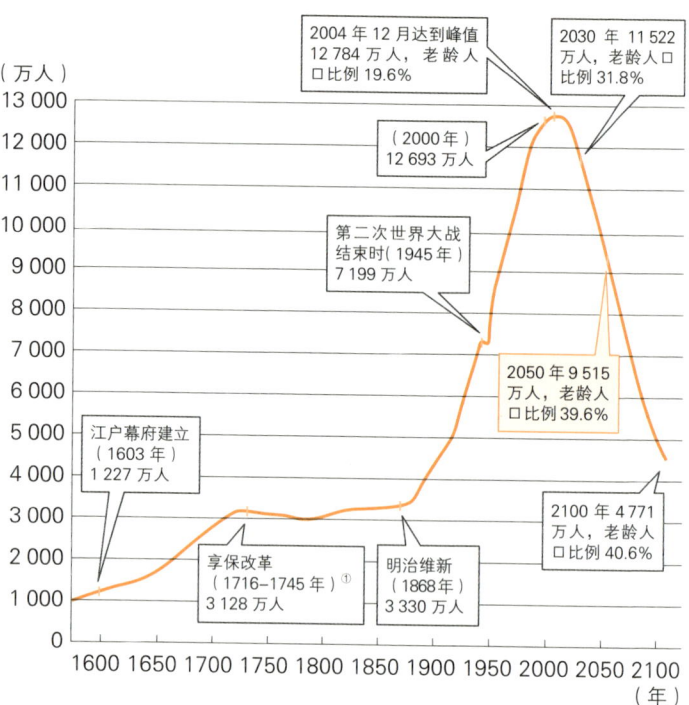

日本人口于2004年达到峰值,今后100年内预计会降至明治时代后期的水平。即使按照1000年的跨度来看,这个人口减少降幅也是前所未有的。

资料来源:国土交通省国土规划局《〈国土的长期展望〉中期汇总 概要》平成23年2月(2011年2月)

---

① 江户幕府第8代将军德川吉宗实行的幕政改革,因发生在享保年间,故名享保改革。改革缓和了财政危机,加强了幕府统治。

"人口减少"

"市场缩小"

"老年人增加，年轻人减少。"

日本企业的经营方式自然也会随之发生巨大变化。

特别是只在日本国内开展业务的企业，必须深刻认识到这一事实，并将其体现在今后的中长期经营计划中。

另外，正在不断发展的还有"全球化"。

你的公司也许会被外资公司并购。

也许不得不进入海外市场寻找商机。

不知道明天会何去何从……

无论愿意与否，所有人都会被卷入全球化的浪潮之中。

今后将会出现全新的商业环境，与现在的经营者或者管理者们活跃的时代完全不同。

以往的经验和商业常识也许都会失去用武之地。

也就是说，我们不能再按照以往的惯例制订计划，而是需要寻求一些新举措。

➡ 你的公司可能会消失?

人口减少、全球化……无论身处哪种变化中,公司想要生存下去,都有一个要素是不可或缺的。

这个要素就是"人才",也就是员工。

- 生产商品或服务的是人
- 销售商品或服务的也是人
- 管理和掌控这些行为的还是人

没有人的话根本无法建立公司。

没有足够的人才,公司也不可能应对商务环境的变化,并生存下去。

开设新店、进军新领域、向海外发展、转型开展互联网商务……这些都需要能为公司创造业绩的"人才"。

然而获得人才,并留住人才,将会变得极为困难。

2015年,连锁餐饮业、护理行业、物流行业……所有行业都凸显出人手不足的问题。

"以前发个招聘广告,轻轻松松就能招到人。但是现在却根本没有人应聘。"

有很多经营者向我咨询这类问题。

人口减少时代已经到来，特别是年轻人严重不足。

"如果想开展新业务，可以招聘新员工。"

"如果有员工辞职了，可以再招别的人。"

这些想法过于天真，现在已经行不通了。

人口还会继续减少，在5年之后、10年之后、20年之后，缺乏人才的问题将会更加严峻。

所以，必须"现在、马上"考虑人才问题的解决对策。

我认为，对于管理者来说，"人才危机"绝对不是杞人忧天。

不"发展"的公司留不住人才

● 经常有员工会很快离职？

在人口减少、年轻人缺乏的大环境下,越来越多的企业在努力留住人才。

也就是说,需要采取措施,"尽量不让好不容易招来的员工离职。"

这种情况给中小企业来造成了沉重的打击。

比如有的年轻员工无法胜任工作。

于是批评他:"为什么做不好?你再认真点!"

但是这样也许不会收到好的效果。

因为他可能马上做出决定,再换一份工作。

"我似乎不太适合这家公司,那么还是辞职好了。"

年轻的他们有很多选择。为了留住员工,大公司纷纷开始考虑改变用人方式。

现在，大企业已经为临时员工或者兼职员工设置了可以升为正式员工的渠道，给予他们与正式员工同样的福利待遇（保险制度等）。

"像这样总是挨训，还不如换个工作，去规模更大、福利待遇更完善的公司。"

中小企业必须有足够的吸引力，才能挽留住抱有这种想法的年轻人。

这种吸引力不是靠"尽量不批评他们"就能实现的。

毫无疑问，公司的目的是追求利润，也就是取得业绩。

对于对业绩没有贡献的"没有能力的员工"，不进行任何指导和培训，而只是放任自流的做法完全是对金钱、时间和管理的浪费。

甚至有可能导致公司破产。

● 关于优秀人才离职的问题……

其实我不太想用"留住员工"这种说法。

因为我不希望读者简单地认为，"总之不要让员工辞职,要重视他们"就可以了。

今后的确需要做好心理准备,年轻员工会比从前更容易辞职。

招聘员工很难也是不争的事实。

但是,如果留在公司的员工是"不工作的员工",到头来也只会鸡飞蛋打。

不采取某些措施,"让员工创造出业绩"的话,他们不辞职也没有任何意义。

公司如果停止发展,也就是一直处于"维持现状"状态的话,优秀的人才就会不断辞职。

加薪无望。

公司没有发展的希望。

看不到光明的前景。

……

这样的情况下,员工就会想,"还是换到别的公司吧"。

所以不能让业绩下降,即使维持现状也不可以。

经营者必须不懈努力,使公司不断发展。

年轻员工对于公司的发展是非常敏感的。

只有公司不断挑战新事物,员工才会感受到它的吸引力,并在此稳定下来。

"开发"人才是当务之急

● "开发"比培训、培养更重要

在人口减少的大环境下,今后公司如果不更加关注人才问题,将很难实现经营计划和目标。

所以要重新认识"员工培训"。我认为今后比起培训和培养,公司应该更重视"开发"人才。

从字面上看,人才培训、人才培养就是"培训、培养人才",而人才开发则是要"战略性地"进行这项工作。

日本很多公司对于商品开发和技术开发都颇下苦功,而对于人才却缺乏"开发"意识。

直到最近才有公司设立"人才开发部门",而且好像大多只是负责"人事部门的部分工作",或者只是被理解为"福利待遇的延伸"。

员工培训所做的工作是培训商务技能，但正如前面我说过的，培训工作的现状是并没有对公司提升业绩、实现目标做出贡献。

人事部门的工作和人才开发的工作原本是毫不相干的两回事。欧美、亚洲各国及巴西等新兴经济体的跨国公司都非常重视人才开发，与商品开发、技术开发同样，下大力气去开展这项工作。

"实现公司的经营目标需要什么样的人才？需要多少？"

"应该提拔具备什么资质的人做管理者？"

"公司内部的各种职务划分各占多少比例？年龄构成比例是多少？"

考虑这些问题，搞清楚每个员工的职业发展渠道，在此基础上制订培训和培养的计划，这就是人才开发部门应该做的工作。

也就是为公司设计"机制"。

➲ 左右公司生存的人才开发工作

如果公司没有设立专门负责人才开发的部门（我想大多数公司都是这样），这个工作就要由经营者或高层领导者来做。

有的高层领导者可能会认为，

"管理方面的事情是管理者的工作，管理者来考虑就可以了"。

与一线员工直接接触、指导他们取得业绩的确是管理者的任务。但是如果公司没有明确的方向，也就是没有"加强人才开发"的理念，管理者自己也不知道应该怎样做。

2020年东京奥运会即将来临，日本经济在此之前的这段时间应该会迎来暂时的繁荣，但奥运会之后情况会变得更严峻。

如果不在即将到来的经济萧条之前有计划地在一定时期之内培养出符合公司战略的人才，就会在不知不觉中失去作为战斗力的人才，也失去可以成为管理者的人才。

其结果就是导致有的公司无法经营下去。

所以不仅要进行基本商务技能培训和观念方面的培训，还必须充分认识到"建立与人才相关的战略机制"的必要性。

不要误解"员工培训"

● 想改变"内在"只会徒劳无功

"员工培训做得不够好。怎样才能教育好员工，让他们干劲十足地工作，提升公司业绩呢？"

到我公司咨询的人提得最多的就是这类问题。

听对方这样说就知道，关于"员工培训"，很多领导者都存在误解。

首先，"教育好员工""让他们干劲十足地工作"等，这些说法都不够具体，并没有说清楚"到底希望员工怎样做"（关于具体性的重要性，后面还会详细论述）。

提到员工培训，很多人都会想到"商务礼仪培训"。也就是从基础开始，传授"怎样递名片""言谈举止""商务文件的写法"等作为商务人士应该掌握的礼仪。

还有公司这样进行员工培训：让员工阅读经管类书籍、自我启发类书籍等"主题图书"，并征集读后感。

领导者的目的很明显，就是"希望员工通过读书，获得'感悟'，从内心调动起干劲……"。

但是这种培训对于实现公司目标几乎毫无作用。

因为培训内容和公司的销售额，即业绩，没有直接关系。

对于一个社会人来说，商务礼仪的确很重要。如果自己公司的员工连基本的礼仪都不懂，这是经营者的耻辱。

但企业最需要的人才是"能实现公司目标"的员工。

这一点对销售部门和非销售部门都一样。

"要提升公司的效益，自己应该怎么做？"

"要增加客户，自己应该怎么做？"

公司需要教给员工这些具体的做法。

可是很多公司轻视这项最重要的工作，而认为"最基本的东西都教给他们了，剩下的就让他们通过 OJT[①] 之类

[①] On the Job Training 的缩写，意思是在一线工作过程中，上司和技能娴熟的老员工对部下、普通员工和新员工们通过日常的工作，对必要的知识、技能、工作方法等进行培训的方法。

的慢慢掌握吧！"

在经济增长时期或者人口众多、人才充足的时代，这样的员工培训也许可行。

但当今是经济停滞、人口减少的时代。

"进行礼仪及动机提升培训，进行 OJT 培训，如果一个员工这样还不能完成工作，就只好放弃他了。"

现在已经没有资本这样做了。

教会员工对提高公司销售额、取得业绩切实有效的方法，才是今后的员工培训应该做的。

也有的经营者宣称，"我们公司不仅开展观念方面的培训，还从外面聘请讲师，让员工参加公司外部的研讨会，让他们不断学习实践技能。"

不能说这样的做法不好，但这真的有效吗？

好不容易掌握的技能如果不能在工作中持续下去，就只不过是白白浪费了聘请讲师和参加研讨会的费用。遗憾的是，这些技能研讨会并不会传授"如何持续下去"。

我们需要重新确认，为了执行经营计划、实现目标，公司的员工培训应该发挥哪些作用。

管理者的理念必须得到贯彻

● 为了不输给大企业

针对前文谈到的"人口减少时代的危机",大企业的高层管理者、人事部门的负责人已经开始着手应对了。

他们已经开始思索,"在招不到员工的时代,应该如何管理员工"的问题。

中小企业也不能输给他们。

如果不建立起大企业所没有的、专门发挥中小企业独特优势的管理机制,就不可能取得业绩,按经营计划实现目标。

因为"优秀的人才""能取得业绩的人才"已经很难招到了。

很多中小企业经营者都在为这个问题而烦恼。

对即将到来的时代抱有危机感，来找我咨询，或者来参加研讨会的总经理络绎不绝。

他们中的很多人都拥有卓越的企业经营理念，也制订了周密的经营计划，他们明白"执行计划的是一线员工"，也很清楚管理工作的重要意义。

此外，他们还以公司持续发展为目标，不忘挑战精神。

而且，最重要的是，他们心里时常想着"要珍惜自己公司的员工"。

是不是有人会觉得，"在这样优秀的经营者手下工作，很少会有员工辞职吧？"

但情况不像想象的那样简单。

其实，这些经营者当中，也有很多人因为员工离职率高、因为公司业绩不佳、因为与员工沟通不畅而烦恼。

● "直属上司"就是企业文化？

我认为，今后中小企业如果不想被大企业挖走人才，需要有自己的"企业文化"。

公司的理念是什么？公司奉行怎样的价值观？

对这些问题的回答，每个公司都各不相同，并没有所谓的"标准答案"。不过这种"文化"会成为公司的长处，成为大公司所没有的优势。

如果公司发掘不出这种优势，就没有能力与各种福利待遇都很完备和稳定的大公司（今后的时代并不一定会这样）相抗衡。

而能创造出这种文化基础的，就是经营者。

但是无论经营者的理念多出色，公司的目标和经营计划做得多好，经营者的人品多好，如果他的理念不能贯彻到全公司并确立下来的话，一线员工就不会认同他所创造的企业文化。

因为对于一线员工来说，企业文化就是"直属上司"。

直属上司以怎样的思想指导自己？

直属上司如何看待公司？

直属上司言谈举止如何？

这就是一线员工眼中的"企业文化"，他们不会深入理解经营者头脑中的理念。

因此公司的高层领导者必须考虑能让理念和计划水到

渠成地传达到一线的"机制"。

如果不能将理念、计划贯彻到全公司并确立下来,说得极端一些的话,一线就会完全被中层管理者的"即兴发挥"所左右。

"谁做结果都一样"才有意义

● 需要具备再现性

伴随着时代变迁和价值观的多元化,今后公司中会有兼职员工、临时员工和合同员工等多种雇佣形式。

因为如果招聘时选择有限,就不能想着一定要招到正式员工。

还有一个问题也很重要,就是与从前不同,今后职场会积极为女性提供活跃的舞台,无论男女都能成为公司的战斗力。

而且,随着全球化进一步发展,有时还会需要外国员工。

公司里同时存在着雇佣形式不同、特性迥异的员工,通过他们的工作,公司的计划才能得到推进,目标才能得以实现。

要让他们每一名员工以及指导他们的一线管理者理解公司的理念及经营计划，也就是要使理念及经营计划"水到渠成"地传达并贯彻，是需要相应的机制的。

建立这一机制时，最重要的因素是"再现性"。

"无论何时做""无论谁来做""无论何地做"，都同样可以取得优异成果，这就是再现性。

如果对员工 A 有效，但是对员工 B 无效，这种机制就没有意义；或者如果管理者 C 与管理者 D 所传授的内容不同，经营者的理念也不会在公司确立下来。

● 理念和经营计划为了什么而确立

那么，让理念和经营计划在全体员工中确立下来的目的是什么呢？

就是为了"让员工实施可以提升公司业绩的行为"。

仅在脑子里理解了理念、了解了经营计划，对提升公司业绩的作用微乎其微。

说到底,"所有员工都采取符合公司理念和经营计划的行动,并实现目标"才有意义。

只有这样,公司才可能迎接下一步挑战,继续发展。

如果员工能够重复取得业绩所需的行动,他就不会轻易离开公司。改变了每一名员工的行为,公司整体的行为也会改变。

具备了这项机制,公司就可以在人口减少时代避免遇到寻找新的优秀人才的难题。

而且这项机制具有再现性,是永久有效的。

这项机制,就是从下一章开始介绍的"以行为科学为基础建立的人才开发机制"。

先来介绍一下建立机制的背景——"行为科学管理"。

行为科学管理以行为分析学为基础。顾名思义,行为分析学关注人的"行为",是一门以科学方法来研究人类行为的学问。

什么样的方式会促进人的行为发生变化?

行为会发生哪些变化?

变化的程度如何?

……

观察这些情况,把将实验和调查得出的原理或者原则运用在日常工作生活中的"应用行为分析"作为商务技能加以应用,就是行为科学管理。

行为科学管理在美国是很常见的管理方法。

不仅大公司采用,还有很多政府机构、机关团体等各种组织也都引入了这种做法,既有官方组织也有民间组织,数量超过600家。

日本也一样,不仅很多企业采用行为科学管理方法,教育机构也在积极实行。

行为科学管理以"科学"为基础,满足具有再现性的条件。

行为科学管理着眼于人的行为,管理对象不局限于商务活动,还包括自我管理(习惯养成方法及学习方法)、教育孩子等方面,可以说是全方位多角度的。

行为科学管理是一项商务技能,如果用一句话概括它的特征,就是"通过操控环境,使员工自发地重复有利于取得理想的成果(业绩)的行为。"

也就是说,所有人(包括管理者、派遣员工、兼职员工等)都会按照公司制订的经营计划行动,实现目标。

再强调一下,让公司的理念在员工中确立下来当然很重要,但还必须让员工重复"行为",否则公司不会改观。

只要有一小部分优秀的"能干的员工"增加销售额就可以了的时代已经成为过去。

"没有优秀员工"

"人才不足"

……

与其抱怨这些问题,不如从现在就在公司建立起有效的机制,把现有的员工改造成"优秀的员工",这才是上策。

会社の目標を絶対に達成する
「仕組み」の作り方

CHAPTER 2

让现有员工变能干

"现有员工"变成"能干的人才"

● 不能轻易辞退员工

"销售业绩怎么都上不去。"

"工作进展缓慢,失误多。"

"不安排就不主动工作。"

"沟通能力差,不擅长接待顾客。"

……

很多管理者对于这些"没有能力的员工"感到束手无策。

但是,又不能随随便便就说出"干不了就让他辞职"这种话。

当今社会人才不足,轻易辞退员工实在不是上策。

因为,只要想想下面这两个问题就可以知道了。

"那么能招聘到'能干的人才'来代替他吗？"

"那种（优秀的）人才在哪里？"

进入人口减少时代，招聘人才会更困难。

而且无论作为经营者，还是作为一个普通人，谁都不想轻易辞退员工。

录用员工时曾经对他寄予厚望，员工的本性也并不坏……这么说也许有些奇怪，但经营者总觉得自己公司的员工都很好，对他们也有感情。

而且，作为"用人一方"（公司方面）也会感到对招聘来的员工要负责任。

"希望现有的员工变得更能干。"

这是很多经营者的心声。

"提高那些没有能力的员工的整体水平"——只有做到这一点，公司才能在低迷的经济环境中生存下去。

➡ 原本没有"能干的员工"

需要提高整体水平的"没有能力的员工"并非少数。

当然，对完全无视规定、危害公司或顾客的"问题员工",根本没有必要考虑提升他的能力,而是应该马上让他辞职。但是大多数人并不属于这种情况。

这里所说的"没有能力的员工",主要是指除"能干的员工"以外的人。

组织理论中经常会提到"二八法则"或者"二六二法则"。

二八法则是指,"能干的员工"(高水平员工)在所有员工中占两成,另外八成为其他"没有能力的员工"。

套用二六二法则,就是指另外八成中的六成是中等水平员工,其余两成是低水平员工。

换句话来说,现实情况就是"能干的员工"本来就不多,大多数是"没有能力的员工"。

但是,如果可以把为数众多没有能力的员工改造为能干的员工,结果会怎么样呢?

不辞退员工、不录用新人,而是让现有员工成长为"能干的人才"。

让现有的人才都为了实现企业理念和经营计划勇往直前。

这才是今后企业应该树立的目标。

"没有能力"的两个原因

➡ "方法"不对？还是不知道"怎样坚持"？

"说到底，没有能力的人不论做什么都还是做不好。"有的领导者会因为这样的想法而放弃改造员工。

他们总在想，有没有好的人才呢，于是尽力招聘有工作经验的人。

"招聘怎样的人"，这个问题当然很重要。但是招聘需要费用，而且前文说过，找到所有人都认可的"优秀人才"并不容易。

加大招聘力度也需要花费费用和时间。

所以，我们需要把现有的做不好工作的员工改造成可以做好工作的员工。

作为一个管理者,你考虑过做不好工作的员工"为什么做不好"吗?

"'没有耐心',所以学不会。"
"'没有干劲',对工作敷衍了事。"
"都是'宽松世代'①,缺乏常识。"

很多经营者首先想到的原因是员工思想方面的一些"含糊的东西"。

但在行为科学领域,人能否胜任工作的原因并不是这样模糊不清。

说得极端一些,能否胜任工作只是知道某些事情与不知道某些事情的区别。

用行为科学来说,"做不好"的原因只有两个:

①不知道"方法";
②知道方法,但不知道"怎样坚持"

---

① 宽松世代指的是以"重视人性教育"为教育理念培养出来的一代人。成长特点是学校"不排名次""不安排过重的作业",让孩子有一个宽松自由的成长环境。

反过来说，如果这两点都能做到，自然就会变成"能做好"工作了。

● 怎样传授"方法"

①"方法"是指知识和理论。

即按照什么顺序、以什么为重点来工作，相当于技能部分。

如果不知道"应该怎样做"，当然不可能做好工作。

可能有人会觉得只要告诉员工"好好看，记住！"就可以了。

但这种做法不符合行为科学，因为它要求员工具备"学习能力""观察能力"等内部因素。

如果能像工匠的"师徒关系"一样，踏踏实实地花时间手把手传授给对方，这种方法也许可行。但是如今时代不同了。

员工包含派遣员工、兼职员工，还有外国人，要向个性特征完全不同的人们传授"方法"，光靠告诉他们"好好看，记住！"显然是不行的。

所以就需要传授方法的有效"机制"。

● 不坚持就没有意义

即使知道了方法,如果不知道②"怎样坚持",原来不会的人就还是不会。

其实,很多人做不好工作的原因就在这里。

也就是说,并没有真正掌握①方法(知识和理论)。

有很多"没有能力"的员工不能坚持"每日提交业务日报"等工作习惯。

在这项工作中,相当于"方法"的部分是指"业务日报格式""应该写什么、重点是什么""什么时候提交给谁"。有些员工知道这些,但一周之后就不按时提交了……

而这样的工作如果不能坚持下去毫无意义。

经营计划难以实现,员工不团结一致工作,也与此大有关系。刚开始时都做得很好,但慢慢地"谁都不做了(没有坚持下去)"。

我之前在几本书中也曾经提到过,"做不好的原因"

也同样适用于自我管理方面。

例如英语口语学习。

"应该使用什么教材""应该怎样使用""需要掌握多少量",即使知道这些"方法"(学习法),如果不能坚持下去,无法养成习惯的话,还是无法取得成果。

这种情况也需要"机制"。需要建立让人"容易坚持""想坚持下去"的机制。

将"不能干的人"改造成"能干的人",不需要研究如何从精神层面改变对方的个性,而是要建立帮助人们学习"方法",并"坚持下去"的机制。

"行为"不能缺乏具体性

● 行为的积累

建立传授"方法"、并让人"坚持下去"的机制,这些做法的大前提是要着眼于人的"行为"。

这是行为科学的基本概念。

本书所说的"改变公司""改造员工",都是指"改变公司或员工的行为"。

制订经营理念、使命、目标以及经营计划,这些对于公司发展当然很重要。

但是如果这些不在公司确立下来、员工不付诸"行为"的话,就不会产生成果。不能让员工付诸行动的理念和计划,只能是画饼充饥,毫无意义。

"工作就是行为的积累。"

这句话我经常挂在嘴上。

如果上到总经理,下到临时员工、兼职员工,所有人都采取能够增加销售额的"行为",公司的业绩自然会提升,就会产生成果。

相反,如果员工不行动,或者做的是没有意义的行为,当然也就不可能出成果。

组织是"所有员工行为的集合体"。

改变员工的行为,就可以改变组织和公司。

但是总有领导者搞错这个问题,只顾着关注员工的"精神层面"。

"怎样才能让员工有干劲?"

"提升士气需要做些什么?"

管理培训过程中,经常会有领导者提出这样的问题。

特别是企业的高层管理者,他们最大的期望可能就是自己公司的员工能够干劲十足地工作,并创造出业绩。

但是每个员工的价值观不同,所以他们的"干劲"和"热情"也各不相同,很难一一改变(或者提高)。这样做工作效率也很低。

希望员工"有干劲"和希望员工"采取有益的行为",

这两个目标中的哪一个可以让公司切实取得业绩，答案是显而易见的。

员工的干劲和热情的确很重要，但如果只关注这些，就会止步不前。要让员工采取"能直接取得成果的行为"，而不是关注他们的精神层面，这样公司才会发展。

● 表示具体性的"MORS法则"

抽象的命令无法让员工知道应该怎样做。

希望员工采取的"有益行为"必须伴随着具体性。

再进一步说，在行为科学领域，缺乏具体性就不能称为"行为"。

例如，你认为下面哪些情况可以称为行为？

"加强员工之间的沟通交流。"

"努力学习英语口语。"

"整理好办公桌面。"

"在客户接待方面多下功夫，提高客户满意度。"

"更有干劲。"

是的，这些都不能称为"行为"。

虽然可以作为口号，但是当上司这样说时，部下并不知道应该怎样做。

以前的管理方式是，"这些问题应该你们自己想！"，但在员工特性多元化的如今，这样说解决不了任何问题。要传达给员工的不能是口号，而必须是具体做法。

行为科学中有一条"MORS法则（具体性原则）"，对行为做了明确的定义：

M = Measured（可计量）

O = Observable（可观察）

R = Reliable（可信赖）

S = Specific（明确化）

同时具备上述4项要素才能称为"行为"，其开头字母缩写就是"MORS法则"。

"可以计算出做了多少。"

"无论是谁看见或者听见，都知道这是在做什么。"

"如果让多个人（3人以上）来看，他们都会认为是在做同一件事。"

"谁在做、做什么、怎样做，都很明确。"

关注行为，就必须像这样彻底消除含糊性和不明确性，必须是具体的。

例如"加强员工之间的沟通交流"，如果不能具体到"每天安排3次机会，与其他部门的员工交流信息，在每周一次的部门会议上公布结果"的程度，就不能算作"行为指示"。

"MORS法则"是行为科学管理最基本的法则。

所以希望读者一定要掌握。

无印良品的工作手册厚达2 000页

● 工作手册的作用

"什么样的行为是'(能够取得成果的)有益的行为'?"

"应该怎样行动?"

这些都是工作"方法"。在传授知识和理论所需的"机制"当中,位于首要位置的是"工作手册"。

很多公司都制订了业务流程的工作手册。

但是所有公司都在顺利运行吗?也就是说,工作手册是否充分发挥了作用呢?答案是否定的。

精心制订了工作手册,却很少有员工遵循工作手册去做;或者即使遵循工作手册,结果也并不理想。实际上,很多公司都有这种情况。

有一次我为某家公司（某生产厂家的分公司）进行培训。这家公司的总经理亲自辛辛苦苦制订了非常漂亮的工作手册。

我决定直接问问一线员工的想法。

"你们公司的工作手册看起来很漂亮啊，对工作有帮助吗？"

员工们只是苦笑。

"工作手册是很好，但是用不上。"

"没有什么用……这话也就和你说说吧。"

大家都持这样的意见。

（估计员工也很无奈……）

其实我也与他们有同感。

那么，这份"漂亮的"工作手册中都有什么内容呢？

> "销售岗位员工必须努力工作，消除客户企业负责人的担心。"
>
> "要把与顾客建立关系视为第一要务。"
>
> "应该时刻注意第一印象。"

类似这些，工作手册中写的确实全是"漂亮话"。

但是这些都不符合"MORS法则"，与行为科学所说的行为相去甚远。

可以不客气地说，这样的工作手册只能让制订者获得自我满足感。

● 能落实到行动当中吗？

这里必须考虑的问题是，工作手册的内容是否可以称为"行为"。

消除负责人的担心、与顾客建立关系、注意第一印象……这些的确都很重要，但是只看这些话却并不能知道应该怎样做。因为无法采取行动。

罗列再多的抽象词汇，也不能成为工作手册。必须要用语言明确表达出"怎么做"和"怎样落实到行动中"。

工作手册的意义并不是让员工理解公司的理念。"分解能够取得成果的行为，分步骤指出应该采取哪些行为来取得成果"，这才是工作手册的作用。

在《解密无印良品》①一书中，松井忠三介绍了无印良品门店所用的厚达 2 000 页的工作手册《MUJIGRAM》，以及总部业务工作手册《业务标准书》。无印良品正是凭借这些工作手册，才将业务转变为不依赖个人悟性或经验的机制。

在建立传授"方法"的机制方面，无印良品是具有代表意义的成功案例。

---

① 松井忠三. 無印良品は、仕組みが9割[M]. 東京：角川書店，2013. （松井忠三. 解密无印良品[M]. 吕灵芝，译. 北京：新星出版社，2015. ）

工作手册要写"步骤"

➲ 进行"行为分解"了吗？

"各位！半年后我们要跑完全程马拉松！"

"为了这个目标，要多向有经验的人学习！要全力以赴！"

只靠这些口号，能让没有长跑经验的人跑完全程马拉松吗？显然不能。

应该从哪一步开始？

需要多少时间？

频率是多少？

目标值应该定为多少？

如果不将目标落实到这些具体行为，并分步提出的话，人们很难实现目标。不知道应该怎样做，只能重复没有意义的行为，重复没有意义的试错。反过来说，到达目标的最短距离，就是有序地实行经过分解的行为。

"行为分解"听起来也许很难，其实简单来说就是详细指出"先做什么，再做什么"的行为步骤。

例如，我们可以对"用智能手机给公司打电话"这个行为进行分解：

- 拿起智能手机
- 看手机画面
- 点击右下方的通话图标
- 从电话本中选择并点击"公司"

到开始与对方通话之前，就可以分解成这么多步骤。如果更细致地分解，步骤还会更多。

在行为科学培训中，经常会练习对"把矿泉水瓶的水倒进杯子里"进行行为分解。实际上，从"看矿泉水瓶"开始，可以分解出 28 个步骤。

在向（没有能力的人）传授"方法"时，首先必须考虑的就是"行为分解"，即"制订出步骤"。

➲ 分步指示

所以业务工作手册中必须明确列出详细的步骤。经营计划也一样。如果只写"三年以后实现销售额增长150%",而未写清到达目标的步骤,即分解的行为,员工不可能知道怎样做才能达到目标。

如果列出了详细分解的行为,即使没有经验或基础知识,只要看了这个工作手册,任何人也都可以朝着目标采取行动。

这一原理同样适用于自我管理和教育领域。

例如要让小孩子"把牛奶倒进杯子里",应该怎样做呢?这就需要"详细的指示":

- ·打开冰箱门
- ·拿出放在侧面的牛奶盒
- ·关上冰箱门
- ·将牛奶盒放在桌子上
- ·从橱柜中取出常用的杯子

像这样分步列出分解的行为,接下来做这个、接下来做这个,就可以了。制订步骤一点都不难。

管理者需要能够"说清楚"

● "好好做"是指什么？

"我们公司的员工，连好好打招呼都不会。"

我负责培训的公司里，有一位课长总是在发脾气。

"他们真是的，一点儿作为社会人的常识都没有吗？"

这位课长所说的"好好打招呼"是怎样打招呼呢？

可能大家已经知道了，"好好打招呼"不能说是具体的行为。这种说法很抽象，每个人都可以有不同的理解，不符合 MORS 法则。

而且他所说的"作为社会人的常识"也很含糊不清。

他可能会这样想。

"既然是常识，当然就是谁都知道的。"

"用常识来考虑应该明白。"。

但常识因年龄、公司，或者国家及地区不同而不同，甚至每个人的理解也不同。这一点毫无疑问。

有些人自己认为是"常识"，就武断地认为其他人也应该知道，他们在这个前提下从事管理工作。但是这样很难管理好兼职员工、临时员工等不同年龄段、不同国籍的人。

按照 MORS 法则，把"好好打招呼"这项要求落实到行为的话，可以得到这样的答案：

· 面带笑容

· 正对对方

· 声音洪亮，保证 5 米外也能听到

· 一定要点头示意

如果"好好打招呼"按顺序行为分解为这些步骤的话，必须要把这些步骤全都告诉部下。

其实，我在这家公司询问了大家的意见，很多人都认为只要"声音洪亮"地打招呼就是"好好打招呼"。所以所有人都想不通，"课长为什么那么生气……"

管理者需要具备的条件

把对员工的命令表述为明确的行为——这项"语言化"的工作是公司上下团结一致完成计划所不可缺少的要素。

所以我特别希望经营者明白,选拔负责培养部下的人才,标准就是"是否擅长语言表达"。

以前日本很多公司都提拔"能干的"员工做管理者。但是杰出的运动员未必能成为出色的教练。

因为"能干的人"的行为,很多时候都是无意识中完成的。

你可以问问公司的顶尖销售员,"为什么你总能取得那么好的业绩?"

"我啊,我就只是好好做而已啊!"

"我就是正常做的,谁都可以做到。"

这些就是他们的回答。根本没有表达清楚,没有对自己的做法进行行为分解。

当然,"能干的人"之所以能干一定有他的理由。

他们都采取了"能取得结果的有益的行为"。

这种行为在行为科学中称为"精准行为"。

例如，我们试着分解一下刚才提到的顶尖销售员"拜访顾客"这项行为，可以得知他们在拜访顾客时，离开前一定会与对方约定"下次给您带什么资料"等。

"与顾客约定"这个做法就是他与其他销售人员不同的行为。如果其他员工也能通过这种行为提升业绩的话，我们就可以确定这个行为是在销售中"能够取得成果的行为"，即精准行为。

将"能干的人之所以能干的理由"通过行为分解找出来，并传达给其他员工，这也是管理者的职责。

这里有个问题很重要，就是这项工作并非经营者的工作，而是要由一线管理者来做。

特别是在小公司，经营者总是倾向于事无巨细亲自出马。

但说到底，经营者的工作不是"一线培训"。制订理念，想出创意，考虑公司3年后、5年后、10年后的情况，以及制订规划才是经营者要考虑的问题。

但是对于公司来说，"一线"是经营的关键。

因为实际创造公司销售额的不是经营者，也不是管理者，而是与顾客直接接触的一线员工。

今后人口会减少，一线员工会有兼职员工、临时员工等多种雇佣形式，他们的特性完全不同，所以作为培训者的一线管理者是否得力就显得尤为重要。

如果经营者想把自己的理念及计划传达给员工，就要安排能够把能干的人的行为进行分解，而且擅长语言表达的人才做管理者。

没有检查，工作手册就会流于形式

● 检查表与工作手册的区别

如果传授"方法"的第一步是"制订工作手册、明示步骤"的话，那么第二步就是检查行为了。

一般需要制订"检查表"，不过前一阶段的工作手册本身也是检查清单。

那么工作手册与检查表有什么区别呢？

简单地说，检查表没有工作手册划分得那么详细。

前文介绍过，人在学习"方法"时，需要不断重复经过详细分解的行为。但是如果管理者一一检查过分细化的行为，检查工作就成了"微观管理"，他们就会只做检查的工作而背离"创造成果"的初衷。

而且，被检查的一方也会觉得总是被监视而产生反感。

检查项目应该以能够取得成果的重要的"精准行为"为主，必须便于检查，而且可以按照 MORS 法则进行判断。

所以如果工作手册中包含"多与顾客沟通""态度热情"等项目，让检查者感觉难以衡量的话，它就是不合格的。

还有一点很重要，所以我多次提及，就是应该关注可以根据 MORS 法则加以落实的具体行为。

⇨ 对检查者也要进行检查？

"关注行为这一点很容易理解，我们公司也制订了详细的工作手册。按说这样的话，全体员工就应该可以采取'能够取得成果的有益的行为'了，但实际上却没做到。要实现标准化，还需要哪些工作呢？"

曾经有经营者向我咨询这个问题。

他们公司的工作手册的确是对行为进行了分解，写得很详细，篇幅很长。

但公司的最终目的应该是"让员工多做能够取得成果的行为"或者"减少没有意义的行为"。因此必须要确认行为是否确实增加了或者减少了。

该公司对自己的工作手册很有信心，觉得只要把工作手册交给员工就万事大吉，而忽略了检查工作。

此外，在经营者看不到的业务一线还会出现这种情况。

"工作手册就是工作的步骤，至于工作的规则就是由我来定了。"

有的一线管理者会按自己的想法随意指导员工。

就销售工作来说，如果某分店管理者认为销售的秘诀在于"怎样说话"，他就会检查部下的谈话技巧；而另一个分店管理者认为销售主要在于拜访次数，就会只在意部下拜访了顾客几次。

这样的话，企业是不可能实现"标准化"的。

所以"检查者"也需要检查表。

他们需要检查自己如何对一线员工的行为进行检查，并提交给上司。要使公司团结一致地向前发展，就需要这种机制。

创造"循序渐进"的环境

● 把人突然推下水并不能教会他游泳

传授"方法"的关键,首先是"制订步骤",即对"能干的人"的行为进行分解,制订工作手册。

然后是检查,确认关键行为,即"精准行为"是否增加。

最后还需要的是"对技能反复练习"。

例如,大家考虑一下怎样教不会游泳的人自由泳。

把会游泳的人的游法详细分解,做成工作手册交给他,"只要按照这里写的做就会游了"。这样做显然行不通。

这时需要设定"子目标"。

对于不会游泳的人,首先要指导他习惯水。"把头潜到水里"就是最初目标。接下来是"尝试浮起来""浅打水",这样慢慢他就会游了。难度大的环节需要反复练习。

以前日本曾经有很粗暴的传授方式,就是把孩子突然推进水里,对他说"来吧,试着游游看!"但是这样学会游泳的孩子很少,大部分孩子因此对水更加恐惧,更害怕游泳了。

"设定子目标,让人逐渐习惯",这种指导方法的专业名称是"系统脱敏法",是临床心理学领域确立的非常科学的方法。

这种方法作为工作中"克服恐惧"的方法,在行为科学管理中经常会用到。

◆ 用"系统脱敏法"实现循序渐进

例如要让不擅长在人前说话的人在一线负责接待客人的工作,有时也会出现这种情况。

如果认为"想做就能做到",突然让他面对顾客会怎样呢?万一他与顾客沟通不畅、语无伦次,就会放大恐惧意识,甚至有可能再也无法面对顾客。

这种情况如果采用脱敏法,就要从让他从站在老销售员旁边开始。

接下来的目标是回应顾客,听到顾客说"麻烦您",要能回答"来了",只要能听懂顾客的问题即可。

这样慢慢就可以与顾客沟通了,最终会实现"一个人站在卖场"的目标。

我的爱好是马拉松和铁人三项,迄今为止已经参加过全程马拉松、100公里的超级马拉松、七天穿越沙漠的撒哈拉沙漠马拉松和在极限环境中进行长距离越野赛、游泳以及自行车的南极铁人三项比赛。

现在跑步让我感到自信和喜悦。但就在几年前,我还完全没有跑马拉松的经验。

就是这样的我却挑战参加了某个杂志"跑完马拉松"的策划。专业马拉松教练的第一项要求是"石田先生,请你一周步行两次,每次 30 分钟"。

接下来是"30 分钟里跑 10 分钟"、"跑 20 分钟",再接下来"跑一小时",慢慢延长跑步的时间和距离。现在马拉松自然不在话下,我甚至还参加了很多让熟人瞠目结舌的"残酷"比赛。

"循序渐进"是克服不擅长的事情的大前提。

会社の目標を絶対に達成する
「仕組み」の作り方

CHAPTER 3

让实现目标成为习惯

"行为"需要坚持下去

➲ 知道了"方法"还不够

前面介绍了做不好工作的原因首先是不懂"方法"。此外还介绍了传授方法时的三个关键:

①制订步骤——制订指示具体行为的工作手册
②确认精准行为是否增加——检查表
③反复练习——采用系统脱敏法,制订子目标,"循序渐进"地做

"不会做"的第二个原因是"坚持不下来"。
即使教会了"方法",即知识和理论,也只是教会了"做什么、怎样做",如果不能在实际工作中养成习惯每天去做,

仍然没有意义。

制订了工作手册、检查表,但如果一线根本不用,束之高阁,结果就是"做得好的人做得好,做不好的人还是做不好",问题根本没有得到解决。

这个问题并非只存在于一线业务中。

公司理念、经营计划、个人的数字目标……每年的年初之际员工都干劲十足,但一个月之后很多人就将这些抛之脑后。结果就是什么也没完成,一年又过去了……

连续几年都是同样的情况,公司就得不到任何成长。经营者也总是为了"到哪里能找到'能干的人'"而苦恼。

既然有了"传授方法的机制"和了不起的经营计划,接下来就需要能让员工"坚持下去""养成习惯"的机制。

● 考虑"为什么无法坚持"

人们为什么会"坚持""确立"某些行为呢?

简单来说,就是因为"这个行为会带来理想的结果"。

人们坚持行为首先要有发起行为的条件,然后付诸行动,最后是这个行为产生"结果"。

这个结果会促使人们进行(或不进行)接下来的行为。

这在行为科学中称为"ABC"模式。

> A = Antecedent(先决条件)——发起行为的契机、行为之前的环境
>
> B = Behavior(行为)——行为、言论、举止
>
> C = Consequence(结果)——行为导致的结果、行动之后的环境变化

能够让行为持续,也就是对坚持行为产生影响的是 C "结果"。

例如,我们可以将"房间冷,打开空调"这个行为放在"ABC"模式当中来看。

"房间冷"相当于 A "先决条件";

而"按下空调开关"就是 B "行为";

此时,如果 C "结果"是"空调吹出冷气"的话,今后应该就不会有人再做"房间冷,打开空调"这个行为。

是不是很容易理解呢?这就是人类的行为原理。

所以,我们可以说"之所以不能坚持,就是因为实施

了行为也不会带来理想的结果"。

"如果行为的结果能带来益处,人就会重复这个行为。"

根据这个事实,操控结果或者先决条件,就是使行为得以持续的机制的根本。

● 如何"操控结果"?

这个机制适用于商务、个人管理、教育领域等所有场景。

例如,想让派遣员工、临时员工养成习惯,遇到不懂的问题多问老员工。

那么,在他们向老员工请教"这个应该怎样做"时,下面两项结果中,哪一项会让他们重复这个行为(养成提问习惯)呢?

结果 ①"应该怎么做？"→老员工："你自己也动动脑子！"

结果 ②"应该怎么做？"→老员工"这个问题问得好！"

答案显而易见。

如果提问的结果是"被置之不理""被训斥"的话，人就不会再重复"提问"这个行为了；相反如果提问受到表扬，也就是提问这个行为的结果是"受到称赞"，他就会继续提问。

使行为的结果"带来益处"，这就是养成习惯的根本。

马上取得成果,行为才能确立

● 应该关注的三种行为

大家应该都理解了,人不能坚持做一件事是有原因的。

要让现有员工中"不能干的人"不再继续这样下去,使公司团结一致得到发展,公司需要"持续的机制"。

"制订了详细的工作手册。"

"准备了检查表。"

或者,"想到好点子,落实到了经营计划中。"

只有这些,员工还是不会付诸行动。

因为必须重复作为"方法"学到的行为,实现目标,才会取得业绩。

所以,领导者在关注目标数值之前,更应该关注每个员工的行为。

这里希望大家关注的行为有三种。

首先是"多多益善的行为"。

也就是为了取得业绩"需要增加的行为"。

例如，如果销售人员的精准行为是"拜访顾客"，那么这项行为就是需要增加的行为，也就是多多益善的行为。

然后是"多余行为"。

这种行为与"多多益善的行为"相反，是应该减少的行为。

上班时间聊天、没有意义的长时间外出等"坏习惯"都属于此类。

在自我管理方面，"减肥期间吃零食""存钱期间冲动购物"，都是应该减少的行为，即多余行为。

需要增加的行为或需要减少的行为在行为科学中称为"目标行为"。此外，第三种需要关注的行为是妨碍目标行为的"对立行为"。

在前面的多多益善的行为的例子中，妨碍"拜访顾客"这一行为的对立行为包括"拜访关系更好（容易拜访）的顾客""在公司里与同事聊天"等。

另外，无论是商务领域，还是自我管理，最近都有一个对立行为很值得关注，就是"网上冲浪"，即毫无意义的上网。

Face book、Twitter 等 SNS 也是强大的对立行为。

◯ 了解每种行为的"性质"

多多益善的行为难以增加、多余的行为难以减少，都是由它们各自的行为性质所决定的。

多多益善的行为有一个特点，就是"不能马上享受到成果"。

例如拜访一次顾客，并不能让销售业绩马上达到目标。跑一次步，减肥的成果也不会马上在数字上有所体现。

而多余行为、对立行为则可以"马上享受到成果"。

聊天或者上网会让人"马上就感到开心"，零食或者冲动购物能让人马上得到"满足感"。

那么，在知道这些行为的性质之后，我们需要设法"使行为更方便"或"使行为更困难"，也就是建立行为科学的机制，使人坚持做一些事情，养成习惯。

"给予支持""赋予动机""降低难度"是使行为持续的关键。

三个关键点

要增加或者减少目标行为,可以从三种途径来实现。

①对行为"给予支持"

在行为科学中,这种方法称为"行为辅助(Help)",通过这种方法可以操控 ABC 模式(参照 65 页)中的"A 先决条件"。

例如,如果需要增加的目标行为是"事务性工作",给予支持的方法包括"购入久坐也不会疲劳的椅子""播放有助于工作进展的背景音乐"等。

对行为给予支持,换言之就是"创造愿意工作的环境"。

②为行为"赋予动机"

这种方法是操控 ABC 模式的"C 结果"。也就是设法"使行为带来益处"。

前文介绍"多多益善的行为不能马上享受到成果",那么就要设法创造可以马上享受到的成果(结果)。

也就是(对于行为的)奖励。

例如为了考取资格而学习,必须每天坚持才能取得成果(考试合格)。所以可以设立一些每天完成学习任务后的奖励,如"喝啤酒""安排时间玩喜欢的游戏"等。

可能会有人觉得奖励这种说法有点别扭。但是"设立奖励""以什么作为奖励"会对公司的发展产生深远的影响(详细情况后文还会谈到)。

③降低难度

"好麻烦,不想做了。"

"太难做了,不想做。"

这些都是显而易见的人类行为原理。那么,如果设法使事情"不麻烦""不难做",人们自然就会付诸行动。

"降低难度",指的就是这种方法。

假设您要养成用哑铃锻炼肌肉的习惯。如果每天练习后将哑铃放进柜子的深处,那么每次想锻炼的时候,都必须从柜子里取出哑铃。这个做法就很麻烦。

而如果把哑铃放在触手可及的地方,就非常简单了。这就是"降低难度"。

在公司中也可以想出不少办法,例如规定"报告、联络、协商可以用智能手机发个短信即可""减少审批所需的步骤"等,从体系和规则方面降低难度,就能使行为更容易做到。

①对行为"给予支持"

②为行为"赋予动机"

③降低难度

大家已经知道这三种途径可以促进人们的行为。

那么需要抑制行为,即减少"多余行为"又该怎么做呢?

是的,反过来就可以了。

不做能够对行为"给予支持"的事情、不为行为赋予动机（或者准备惩罚）、加大难度（使事情难做）。

通过操控各种环境，达到操控行为的目的。无论商务领域，还是在自我管理方面，"行为原理"都是一样的。

会社の目標を絶対に達成する
「仕組み」の作り方

CHAPTER 4

让员工"行动起来"

将"不得不做"变为"因为想做,所以做"

● 总经理的想法只是徒劳?

"公司的员工都精神百倍地享受工作,创造出业绩。"

这应该是很多经营者的理想吧。

"在公司很愉快。"

"很喜欢工作。"

如果公司的员工都抱着这种想法努力工作的话,经营者一定会感到喜悦和自豪。

但是现实并不尽如人意。

很少有人是自发地、乐此不疲地创造业绩,大部分员工都想"尽量轻松一点"。

他们在领导面前表现得非常积极,但是一没有人监视就会敷衍了事。很多公司或多或少都有这种情况。

尽管经营者具有出色的经营理念，制订了为公司乃至员工将来考虑的经营计划，但员工仍然是"不得不"工作。

经营者的设想常常无法落到实处。

➲ 提升行为自觉性

但也有人觉得"工作让我感到开心""因为喜欢，所以自觉地工作"。

在所有员工中占两成的高水平员工，也就是"能干的人"，很明显具有这种倾向。说得专业一点，他们与"不能干的人"的区别就是"行为自觉性"的差别。

大家看下图就会明白，下面的"have to 曲线"表示持有"没有办法，不得不做""必须做，所以才做"的想法的员工。他们行动迟缓，勉强达到最低要求。

而"want to 曲线"表示"因为想做，所以做"的能干的员工，从起点开始上升到右上方，随着时间推移还会继续上升。

这就是"能干的人"与"不能干的人"生产率的差别。

两者的本质差别就在于"是否自觉工作"。

自觉工作的人，下意识里具有"自觉行为"的机制，也就是自身具备为行为结果感到喜悦的行为动机，并能进一步促进行为。

想要公司发展，最好能让所有员工自觉地工作。因此需要公司建立"使员工自发地工作"的机制。

"want to"与"have to"的成果截然不同

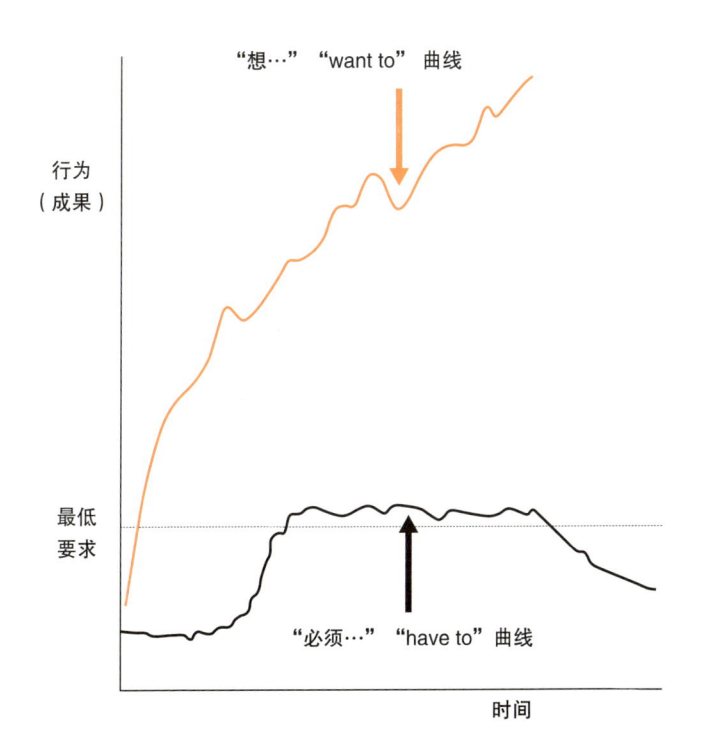

"想…" "want to" 曲线

行为（成果）

最低要求

"必须…" "have to" 曲线

时间

结果是关键

◆ 强迫员工做,还是让他们想做?

要让员工增加多多益善的行为,有两种方法。

一种是"强迫他们做";

另一种是"让他们想做"。

如果强迫员工去做,方法很简单,就是"发火"。

"不提交日报上司会发火的。"

"如果不经常拜访顾客会挨骂。"

为避免发生这些可怕的情况,员工就会"不得不"工作。

这些人就是"缺乏行为自觉性"的人。

他们会很快违背管理者的期望,采取"避免让管理者发火的行为"。

例如,"在上司生气之前离开公司""为了避免和上司说话而没完没了地打电话（假装在打电话）"等等……

这样的话，公司的生产率根本不可能提高。

所以公司的高层领导者应该设法"让员工自己想做"，也就是创造能够"提高员工行为自觉性"的环境。

● "能干的员工"可以操控结果

提高员工的行为自觉性对于理念和经营计划的确立也很重要。

"不得不工作"的员工，对于理念及计划是"不得不"执行，对待其他工作也都一样，如果公司的管理者不强迫的话，就绝不会主动去做。他们以"不惹领导发火"为标准，只做必要的最低限度的工作。

而"因为想工作而工作的员工"，则认为理念和经营计划也是工作的一部分，试图从中得到乐趣。

"不得不工作的员工"和"因为想工作而工作的员工"，哪种员工会为了公司理念和计划认真去努力呢？答案显而易见。

理念及经营计划得以确立的关键不在于其"内容",而在于培养"具有高度行为自觉性的人才"。

具有高度行为自觉性的人才＝"能干的员工"

缺乏行为自觉性的人才＝"(其他)不能干的员工"

所以还是需要"将不能干的员工改造成能干的员工"。

前文曾经介绍过,具有高度行为自觉性的"能干的员工"下意识里具有"坚持实施有益的行为(养成习惯)的机制"。

不断重复有益的行为的关键,就是可以"操控结果"。

操控结果,即"赋予动机"。

换句话说,也就是会得到"表扬""报酬"。有益的行为的结果是能够获得"报酬",所以他们才会对工作感到"喜悦"。

"报酬"未必是金钱。

在现代社会,人们的价值观是多元化的,将员工"真正想要的东西"作为报酬,是公司发展的必要条件。

接下来我们来探讨新形式的"报酬"。

员工真正想要的"回报"

● "金钱"和"升职"难以成为报酬?

"报酬"表示自己得到了回报。

当自己所做的事以某种形式"得到回报"时,人们就会觉得这个行为有意义,并会继续坚持这个行为。

也就是说,"得到回报"是 ABC 模式(参照 65 页)的"C 结果"。

相反,如果自己所做的事没有得到任何回报,也就是不具有任何意义的话,人们就不会考虑坚持这项行为。

要让人们坚持能够取得结果的有益的行为,报酬不可或缺,它表示行为"得到了回报"这个结果。

在商业领域,报酬很容易被人认为是工资或奖金等形式的"金钱"。

金钱的确也是一种报酬。

但在人们价值观日益多元化的今天,"员工努力了,给予相应的金钱作为回报,他就会更努力"这种简单的想法已经行不通了。

例如,在商业领域,"绩效主义"制度实行并不顺利,就是一个很好的例子。

无论工龄长短,只对取得业绩的人,表扬其取得的业绩并给予报酬,这就是"绩效主义"制度。

简单来说,这是彻头彻尾的"提成制"。"如果能取得业绩,就可以得到相应的金钱回报"。这种制度十分重视"行为的结果",但实行得并不顺利,没有在商业领域确立下来。

为什么会这样呢?原因在于,除了一少部分"能干的员工"以外,其他人无法取得业绩,也就感觉不到"得到回报"。能干的员工取得了辉煌的业绩,享受到了报酬,而普通员工只能尴尬地看着……无论多努力,无论做了多少工作,只要没有取得业绩就没有回报。得不到报酬,他们自然就失去了行为自觉性。

同样，在公司中的"地位"也很难成为工作努力的回报。

经常听到经营者感叹，"我们公司的年轻人真是无欲无求啊！他们总说'不想升职，现在这样就挺好'"。

随着时代的变迁，原来的环境已经发生了变化。

今天的商业领域经历了泡沫经济的崩溃、论资排辈制度的瓦解。我觉得，越来越多的年轻人认为，"升职也未必是好事""只会使工作变得更忙碌"。

另一方面，当今社会物质充裕，他们缺少对于物质的匮乏感，自然对物质和金钱的欲望也很淡泊。

他们没有类似"努力工作买好车""努力工作买大房子"的想法。

"不需要特意去考驾照""贷款买房子就很好""衣服有很多价廉物美的""比起拼命工作，我更喜欢有时间可以在家打打游戏"。我在很多企业实际调查过大家的意见，现在持这种想法的年轻人越来越多。

● 什么会让人觉得"得到了回报"

工作的报酬并不限于金钱、物质和地位。

例如，有时上级的表扬也是报酬，也会成为行为的动机。

特别是对于年轻一代来说，"认可"，也就是对他说"你做得真不错！"，像这样表示认可他的行为，也会成为强烈的动机。

"看来还是'表扬'重要啊！那我以后就拼命表扬工作努力的员工吧！"

可能有领导这样想。

的确，"表扬"在行为科学中作为赋予动机的途径是非常有效的。

但是事情并不这样简单。

一位公司管理者当着销售部全体员工的面，极力表扬了取得最佳销售业绩的女销售员：

"她很棒！非常努力！大家都要向她学习！"

结果，出乎意料……之后她不再像以前那样对工作那么热情，业绩也变得马马虎虎。

"当着大家的面被那样表扬，让人觉得就好像我这个人多么贪心似的，我可不喜欢这样……"

这是她的心声。"在大家面前得到表扬"对于她来说并不是理想的结果，没有成为动机。

管理者以自己的常识考虑，可能觉得"在大家面前得到表扬是荣誉，等于所做的工作得到了回报"，但是他所认为的常识部下未必认同。

我经常听说"总经理亲自举办宴会，犒劳业绩优秀的员工"。

对于升职欲望强烈的员工来说，"跟总经理一起用餐"可能是值得自豪的大事。但是，如果员工并不希望这样的话会怎样呢？

"跟总经理一起吃饭，觉得非常紧张。我的业绩这么好，为什么还要接受这种'惩罚游戏'呢？"

我亲耳听到一个公司的年轻员工这么说。

这种"误会"，很多公司都有。

如果看好某个年轻员工，觉得他能成为"本公司的下一代骨干"，就要考虑"什么会让员工觉得获得了回报"，并把这项措施作为公司的制度确立下来。这是公司发展不可或缺的条件。

用形式多样的报酬改变员工的行为

● 新的报酬形式："整体薪酬回报"

让员工坚持有益的行为，养成习惯并确立下来，提高行为自觉性，就需要行为"得到回报"这个结果，也就是"报酬"。前文论述了"报酬"未必是指金钱或地位。

美国企业对绩效主义的做法进行了反省，现在非常重视"整体薪酬回报"（Total Reward）的理念。希望大家参考这个理念，创造出能够培养行为自觉的员工的环境。

"整体薪酬回报"是指，将无法通过金钱或者公司的福利待遇获得的各种形式的"回报方式"也作为报酬提供给员工。

这一理念非常适合用来作为素材，建立起相应机制，以培养具有行为自觉性的人才，提升组织的整体水平。

我们要考虑的是,除了金钱以外,提高行为自觉性所必需的回报应该以怎样的形式、怎样的方法给予员工呢?

商务活动中,员工隶属的组织本质上是"为提升业绩而集合在一起的群体",如果简单地认为金钱之外的回报就是"重视员工,喜欢他们",那就大错特错了。

当然,重视自己公司的员工,考虑他们的幸福,这是好事,并没有错。

但本书讨论的不是精神胜利法或人情论,不能忘了,我们要谈的是"建立促进公司发展的机制"。

● "整体薪酬回报"的六个要素

我结合日本企业的实际情况,归纳出整体薪酬回报中"金钱以外的报酬"具有以下六个要素(开头字母分别为从 A 到 F)。

A=Acknowledgement(感谢和认可)

认可员工是重要的工作伙伴,对他们表示感谢。

过去,管理中的认可主要是对结果的认可,即"业绩不错!你很优秀"。

而今后,需要"对行为的认可"。当员工采取了精准行为时,要对他表示认可。即使没有达到销售目标的数字,也要认可员工们增加了拜访客户次数等"行为"。

尤其对于非销售部门及事务性工作,认可其工作的意义非常有效。向员工表明"多亏有你,你的工作对公司非常有用",这样做很重要。

B=Balance【of work and life】(兼顾工作和生活)

"人为了什么而工作呢",其中一个答案就是"要让生活更充实"。例如灵活处理员工的考勤形式,重视员工的个人生活,这些也是一种报酬。尤其对于女性员工来说,这更是让她们充分发挥作用的不可或缺的因素。

C=Culture(企业文化、组织氛围)

你的公司是否信息通畅,可以自由表达意见和想法,员工不分职务、年龄和立场都能互相认可呢?

如果团队成员之间互相拖后腿、拉帮结派互相争斗，就不可能有人忠诚于这种阴暗的组织。在这种氛围下的企业员工，可能很少有人会考虑努力工作取得业绩。

D=Development【Career/Professional】（发展机会）

对于进步欲望强烈的员工，支持他成长也是报酬。

提供参加研讨会和进修的机会，在公司内设立帮助员工提升职业发展能力和水平的制度，也是具体的报酬形式（很多企业已经引入了这种做法）。

E=Environment【Work place】（完善劳动环境）

职场，即办公室的选址和气氛对于员工来说也很重要。如果办公场所位置方便，环境优美是最好不过的。此外，配备性能卓越的电脑或者便于使用的办公文具等，为员工提供"易于工作的环境"，也能成为努力工作的动机。

美国关于"报酬"的培训机构 World@Work 提出的"整体薪酬回报"要素主要包括以上五种，为了将行为科学更准确地应用到这一理念中，我再补充一个非常重要的要素。

F=Frame（对具体行为的明确指示）

本书对这个概念已经做了一些介绍，就是"将行为具体化"。工作指示不能含糊不清。想取得成果，需要明确要做什么、怎样做，给对方做出具体的行为指示。

给员工提供工作手册和检查表就相当于这一点。

"教给员工正确的工作方法"，还有"让员工不要做没有意义的（不确定是否对取得成果有用的）工作"，都是领导者必须给予团队成员的重要报酬。让员工做没有意义的工作，是最降低行为自觉性的事情。

以上 A ~ F 就是"整体薪酬回报"中"金钱之外的报酬"。

如果管理者、领导者对这些问题漠不关心，就无法抓住公司员工的心，工作也就难以取得很好的成绩。

表扬的秘诀是"迅速"

● 什么时候表扬效果好？

"整体薪酬回报"中，尤其需要注意的就是"A 感谢和认可"。因为这种报酬也可以作为公司内部的日常习惯，发展成为公司的文化。

近年来，"通过表扬促使对方进步"的管理方法引起了大家的关注。行为科学中的"表扬"，当然不是说随便夸奖就会让人进步。

说到底，只有认同员工"采取了有益的行为"，才相当于"表扬"。

"采取了有益的行为，就会得到认可。"

这么简单的事情，就足以成为"行为的价值"。

但是前文的例子中提到过，也有人不喜欢当着大家的面得到表扬，或者对"得到公司高层领导者的直接褒奖"感觉有压力。

我们这里所说的"表扬"，主要是指在日常工作过程中的交谈。

要在交谈中认可、称赞对方的行为。

例如，想让员工养成习惯，谈判后给对方打随访电话，就不要将"谈成业务"作为成绩来表扬，而是要表扬他"打了电话"。

也有意见认为，"工作中，结果就是一切"。但通过"行为的不断积累"，才能取得商务活动中的结果，也就是业绩。所以首先必须要称赞过程，以此为动机进行强化（行为科学中称为"强化"），否则就无法实现最终的成果。

➡ "60秒之内"最理想

表扬员工的关键是"马上表扬"，这一点对于强化员工的精准行为非常重要。

比如你去打高尔夫时打了一个好球，一起去的伙伴在一个星期以后才夸赞你"那个球打得可真棒啊"，你还能想起来吗？

前文所说的"随访电话"的例子也是如此，如果上司一个月后才说"那时你打了电话啊"，就不会对今后的行为产生任何影响。

根据行为科学的研究结果，对于行为的称赞在"60秒之内"最理想。

但这在工作一线实际操作起来可能比较困难。所以就需要制订规则，采用检查表等做法。

即使是这种"事后评价"，最长也不要超过两个星期的时间。

因此，平时就注重养成"称赞员工的行为"的氛围，制订相关规则，这些做法都会对公司的未来发展产生有益的影响。

当然，并非只要表扬就可以了，在员工做出不合理的行为时，为了纠正（制止）他也必须进行批评。

批评也与表扬一样，原则是"马上""当场"批评。如果过了几个月才批评，"那时你……"，员工也不可能改正行为。

在批评员工时,绝不能大声呵斥。

怒斥或恐吓的行为是批评者愤怒情绪的宣泄。这样做只是感情用事,并不能解决任何实质问题。

另外,"你怎么总是这样啊!"这种指责对方人格的话也是禁忌。

总之,批评的对象应该是对方的"行为",而不是人格。

有效的表扬和无效的表扬

● 用 PST 分析重新认识"表扬"

作为理想的"表扬方法",可以参考"PST 分析"整理法。

"PST 分析"整理法运用"类型""时机""可能性"三个要素,对行为持续的关键,即 ABC 模式(参照 65 页)中的"C 结果"进行重新评估。

根据"类型",结果可以划分为积极的结果(P=Positive)和消极的(N=Negative)结果;

根据"时机",则可以划分为马上产生结果(S=Sugu)和之后产生结果(A=Ato);

根据"可能性",则可以根据结果确定(T=Tashika)

或者不确定（F=Fukakujitsu）①来划分。

通过观察 P、S、T、N、A、F 这六个条件的组合，可以判断该结果是否会使行为容易继续。

最容易使行为继续的组合是"PST"。

即"积极的""马上会得到""确定的"。如果结果是这三个要素齐备，人们就会自觉地重复行为，也就是提高行为的自觉性。

还有"NST"组合也与"PST"同样有效。

这个组合会在想要制止行为，也就是减少多余行为时发挥作用。

想要增加多多益善的行为，就要"当场马上称赞"。

要减少多余行为，就要"当场马上批评"。

这就是"PST"和"NST"，很容易看出这两个组合效果非常明显。

而另一方面，效果最不明显的组合就是"PAF"和"NAF"。

没有即时性也不确定，对于增加多多益善的行为或者

---

① 此处的 Sugu、Ato、Tashika 及 Fukakujitsu 分别是"马上"、"之后"、"确定"和"不确定"的日语发音。

减少多余行为的效果都不理想。

➲ 奖金能提升行为自觉性吗？

很多企业都设立了奖金制度作为对员工的奖励。

如果把奖金用 PST 分析做个对照的话会怎样呢？

"可以得到钱"，类型是"P"；

"不能马上得到"，时间是"A"；

"金额多少（或者是否能得到）要看上司的判断或公司的业绩"，所以可能性是"F"。

也就是说，奖金是"PAF"组合，对于提高行为自觉性的效果并不明显。

"对于努力的员工，我们不会吝惜奖金！"

有经营者会这样鼓励员工，但员工因此就主动积极工作的可能性很低。

所以，需要建立不依赖金钱的表扬机制，即工作手册、检查表及整体薪酬回报等新型报酬机制。

摒弃"反正也做不到"的想法

● 建立"挑战"机制

"希望员工不断挑战新事物,开拓公司的未来。"

"希望员工坚持目标,不懈努力。"

很多经营者会对员工抱有这些期望吧!但是站在员工角度来说,人们却很容易有这样的想法:

"即使有'干劲'和'态度',如果最后拿不出'成果',还是得不到认可,失败的话还会挨批评。所以与其挑战新事物,还不如老老实实待着维持现状。"

的确,单靠鼓舞"干劲"和提倡"精神",很难让员工面对新挑战。

这需要公司内部建立"机制"。

努力建立前所未有的新企划、开发新客户。但挑战新事物不会马上就有"结果"。

前文做了介绍，正因为不能马上看到结果，人们无法坚持"行为的积累"，常会半途而废。

也就是掉进了"负面循环"。

"尝试做"→"未能做到"→"挫败感"→"放弃挑战"

与此相反，"挑战循环"是这样的。

"尝试做"→"做到了"→"实现目标"→"迎接新挑战"

一直保持积极进取的状态。

在不断挑战新目标的企业，"挑战循环"就会成为其企业文化。

尝试做一件事并且"做到了"，这个过程可以让人们获得成就感。

获得成就感这个结果又会促使人们采取下一次行为。

成就感还会调动起人们"自己这不是也能做到吗"的

想法,即"自我价值感"。自我价值感会让人觉得"自己应该可以做得更好",成为挑战下一个目标的原动力。

● 成功经历是公司的财富

很多优秀销售员的工作履历中,都有在较早阶段"让顾客购买了商品"等成功经历。

他们从成功经历中获得了成就感,形成了自信(即自我价值感),所以会一贯持续卓越的销售工作。

而不太顺利的销售员,则常有不受顾客欢迎、没能让顾客购买商品的失败经历,并对此无法释怀。他们甚至对"接近顾客"这第一步都持消极态度,因此可能永远都无法提升业绩。

要进入理想的循环,需要尽早取得成功经历,获得成就感。

公司可以做的就是"设定子目标"。

本书第二章介绍了设定子目标"循序渐进"的系统脱敏法,除了能够克服不擅长的事情之外,还可以用来让人们获得更多的成就感和自我价值感,具有创造出"挑战循环"的效果。

设定个人目标或者启动项目时，在到达最终成果的过程中，一定要设定子目标。

从中获得的成就感、自我价值感能够推动员工乃至全公司面对"新挑战"。

整体薪酬回报制度

● 整体薪酬回报制度的关键

如果想引进整体薪酬回报（参照89页）作为公司的机制，需要注意以下几个关键问题。

①表示"感谢和认可"的机制要关注每位员工

对于员工，领导者可能在心里想着，"一直以来谢谢你了""一直很关注你"。但这种唯心论不可能实现建立机制、创立企业文化的目标。

"表扬""给予适当的建议"等领导者的这些具体行为可以表示对员工的谢意，也能够"提供发展机会"。

这些是一线管理者主要的日常工作，经营者应该考虑的是，将感谢、认可确立为具体制度。

有一家大公司，在全公司开展了传递"感谢卡"的活动。将写有因为某件事得到帮助，对其表示感谢的小卡片交给对方，对活跃公司氛围起到了很好的作用。

这个小举措虽然简单，但它所实现的"对于每位员工的关注"甚至可以帮助整个公司得到发展。

②制订"兼顾工作和生活"的规定

前面介绍了，随着时代的变迁，每个员工的价值观也正变得更为多元化。

"既然拿着工资，当然应该'将工作摆在第一位'。"

"早退的人根本不行。在公司加班加点才是好员工。"

这些想法已经行不通了。

顾及员工的个人生活、考虑他们生活与工作的平衡，这对于员工来说是很重要的报酬，即赋予动机。

公司可以采取的措施包括制订一些新规定，对于需要照看孩子、照顾病人等有负担的员工，重新考虑他们的上班时间、尽量取消加班和休息日上班、尊重个人时间、设定各种形式的休假等等。

③使"企业文化、组织氛围"具体化

"有益的行为得到表扬了吗?"

"团队内部及部门内部的合作是否形成了体系?"

"对每位员工是不是公平?"

这些问题都需要注意。

"好的组织要信息畅通""尊重员工意见"等等的口号不能算是具体行为。无论经营者怎样喊口号,如果不把"应该怎样做"表述清楚的话,公司不可能有所改观。

为员工准备工作手册、检查表,如果能做到这些,就可以说公司有着优秀的企业文化和组织氛围。

此外,最容易进行重新探讨的机制是公司内部召开会议的方法。

会议是否使部门之间的合作更加顺利?是否反映了参会者的意见?可以说怎样开会是衡量企业文化、组织氛围的晴雨表。

④选择能够"提供发展机会"的领导者

提供发展机会，典型做法是确立制度，增加员工参加研讨班或研修等提升能力和水平的机会。接受部门或岗位调转申请的制度也能为员工提供发展机会。

正如前面介绍的，"表扬""给予恰当的建议"等做法也可以作为"感谢和认可"影响员工的进步和成长。

如果只是喊口号"干劲再足点！""努力！提升业绩！"，而不知道具体应该做什么、要怎样做，员工也就不会进步。能给予成员发展机会的领导者就是能把话说得具体明白的人。

提拔能把话说得具体明白的人做领导者，这也是要为员工提供发展机会的经营者、高层管理者的任务。

⑤"完善劳动环境"需要倾听一线的声音

要提高工作效率，可以考虑引进新设备、营造能够支持行为的环境等做法，但最重要的还是要"倾听员工的心声"。

员工在工作时是否有一些不便之处呢？我建议经营者平时就要具备"实务操作者的视角"，实际倾听"一线员工的诉求"，或者建立管理者报告制度，让一线的呼声传达到领导层。

而且在向员工提供这些"金钱以外的报酬"时，不要忘记：

⑥ "明确指示具体做法"

明确的指示本身也是一种报酬，有人教自己怎样做，这对于员工来说非常难得。

经营者或者高层管理者要做的工作，并不是向一线员工表达谢意，或者直接听取一线员工的不满。与一线直接接触，说到底还是管理者的工作。

作为经营者或者高层管理者的工作是将这些整体薪酬回报作为公司的"机制"或"规定"确立下来。

不同公司采取的整体薪酬回报也千差万别。"重视什么"决定了公司的特长和文化。

会社の目標を絶対に達成する
「仕組み」の作り方

CHAPTER 5

百分之百实现目标

一线管理者是关键

● 日本式管理落后了吗？

通过近距离观察、指导、检查以及批准，促使员工增加有益的行为，这是一线管理者的工作。

正如本书第 1 章介绍的，对于员工来说，"直属上司就是企业文化"，一线管理者的资质会影响全公司的发展。这样说毫不为过。

是否能够明确指示出实现每个子目标需要积累哪些行为？

能正确使用工作手册吗？

有没有认真检查员工的行为？

有没有用语言明确表述"应该做什么"？

一线管理者需要做到的工作有很多。

- 观察力

- 判断力

- 语言表达能力

我认为"管理者的领导能力"必须同时具备以上三点。

管理者的工作如此重要。但我总觉得与国外相比，日本还没有充分认识到管理者的重要性，对于管理工作的关注力度还不够。

"工作就要边看边学。"

"OJT 是最好的指导方法。"

以前这种想法在日本商业领域占据主流地位，所以也不足为怪了。

但是，在今后的日本，这种做法行不通了。

据说日本企业在并购外国企业时，已经有越来越多的公司需要在人才开发方面（参照 11 页）引进对方公司的方式。

很多日本企业都承认这个事实。

"自己公司的人才开发已经落后了。"

在曾经的"论资排辈"制度下，往往实行"在公司的年头够长了，所以该让他做课长"或者"他业绩好，因此提拔他做领导"等简单的人事制度,但这对于公司来说是致命的。

● 一线管理者的责任会更重

在即将到来的人口减少时代,一线管理者还会增加一项重要工作。

也就是"对招进公司的宝贵人才,应该怎样培养,并且不让他离职"。

在今后的时代,可以感叹"部下工作根本不行"的管理者还算是幸运的。

还会有很多管理者更不幸,他们将为"没有部下""招不到部下"而苦恼。没有部下,一线的工作就必须由管理者自己承担了。

"这样的话,必须让优秀人才担任管理者职务。"

相信您已经明白了,即使经营者这样想也无济于事。

因为难以招到优秀人才的时代就要到来了。

贯彻经营者或者公司高层管理者的理念及计划的机制

能否充分发挥作用,这与一线管理者的能力直接相关。

培养具备这种能力的管理者,让他作为管理者坚持"能够取得成果的行为",这些也需要依靠公司的相关机制才能实现。

目标本身其实不重要

● 自我价值感的重要性

在制订实现公司计划的目标时,有一点需要大家清楚。

就是并不是"只要目标明确了,人们就能坚持"。这么说并不是"目标是什么都无所谓"的意思。

而是"设定目标本身并不是最重要的事。"

那么,对实现目标产生影响的是什么呢?

是行为的"结果"。

在行为科学中,目标相当于 ABC 模式中的 A,即先决条件。

据说先决条件对人能否坚持行为的影响只有 0 ~ 20%。

也就是说,很遗憾,并不是只要制订了宏伟的目标,人们就能坚持行为。

"为了应对全球化，抓紧学习英语吧！"

"也要学习汉语！"

"目标是下期营业额增长120%。"

即使提出这些目标，员工也不会坚持能够实现这些目标的行为。

公司的理念也是一样。

即使员工理解了"做好工作的心理准备"及"公司对待客户的态度"，即使他们心里也想着"要怀着感恩之心对待客户"，也并不能因此就坚持行为。怀着感恩之心与客户交流的情况也未必会增加。

对孩子讲"学习的重要性"，他就会从次日起增加学习时间吗？显然不会。

问题不在于对方的理解能力。

知而不行，这是人类的行为原理。

重要的不是"为什么要做"，而是"做完后的结果"。

如果想让员工养成与顾客交流沟通的习惯，就要在他与顾客交流之后，马上对他的行为给予表扬，这样做很重要。

"怀着感恩之心接待顾客,就会受到表扬。"

这就是行为的结果。

如果想让孩子养成多花时间学习的习惯,就要表扬在固定时间坐在书桌前的孩子,"你很努力呀!"

宏伟的目标或理念、工作的意义、心理准备当然都很重要,也应该让员工理解。

但是促进他们坚持行为,帮助公司取得业绩,所需要的就不是这些了。

对坚持行为最有影响的还是行为之后的"结果",即ABC模式中的C。

只有目标,人们是不会行动的。

无论公司的目标和经营计划多么出色,说的话多么打动人心,口号多么热情高涨,仅仅依靠这些员工是不会行动起来。

让我们努力建立起能够明确地为行为赋予结果的机制吧!

"企业哲学"让公司更快发展

● 企业哲学是什么?

要为员工准备工作手册,具体明确地指出实现目标应该实施的行为,管理者要检查哪些行为应该增加,哪些应该减少。

要让员工重复能够取得成果的有益的行为,行为的"结果"很重要,必须提供能够成为"动机"的结果。

动机未必是金钱。通过整体薪酬回报的思维方式,考虑什么是会让员工感觉"得到回报"的动机。

设定目标时,不要设定一步到位的大目标,而应该通过详细设定子目标,给予员工成就感、自我价值感。

换句话说,上述这些做法是"不依赖招录优秀人才,而是依靠现有员工实现目标"的人才培养法。如果员工坚持能够取得成果（提高销售额）的有益的行为，公司的业绩自然就会提升。

在公司建立起这样的人才培养机制，是经营者和高层管理者的责任。

此外，还有一个重要任务，经营者和高层管理者必须牢记在心。

就是提出自己公司的"企业哲学"，并贯彻给员工。

"企业哲学"这个词大家应该都听过。

著名企业都有自己独特的企业哲学。

企业哲学的定义有多种形式，有时与"企业理念""经营理念""企业宗旨""企业理想"同义，有时会涵盖这些内容。我认为企业哲学的构成要素包括以下三个：

①企业理念
②中期理想（经营计划）
③高水平员工的行为

如果这三项要素齐备了，公司"奉行怎样的哲学""以何种方式经营"就会很明确，对外也能表达清楚"我们是这样一个公司"。

➲ 企业哲学是"最终目标"

但是,树立企业哲学的目的并不仅仅是为了公司对外的"宣传活动"。

如果不能贯彻给公司所有员工,让每个人都理解"我们公司要做什么""想成为怎样的公司",企业哲学是没有意义的。

企业哲学可以是公司的最终目标,即"Last Goal"。

虽然每个员工的价值观各都不同,但只要大家朝着共同的目标努力,公司就会加速发展。

"'企业哲学'什么的太夸张了,这应该是那些拥有很多分公司和关联公司、很多员工的大企业才会考虑的吧!"

也许有人会这样想。

但其实企业哲学就是"公司理念"。任何公司都需要。

体现"公司如何看待员工"

➲ 企业哲学的构成要素

接下来解释一下我提出的企业哲学的三个要素。

①全体成员遵守的"企业理念"

企业理念表明了公司在社会中发挥怎样的作用,是全体员工都要遵守的。

企业理念应该包括"是为了什么目标创立的企业""为谁提供服务"等内容,也可以说是公司的宗旨和使命。

作为商务活动的"主持者",考虑这些是经营者和高层管理者的工作。

顺便说一下,我自己公司的企业理念,可以归纳为如下内容：

> "我们在'和魂洋才'① 的理念下，将国外优秀的新价值观、技能、方法积极引入日本的商业领域或教育领域，并加以应用，在不断发展的全球化环境当中，以努力对各企业、各团体有所助益为使命。"

每个公司都有自己的表达方式。我觉得比起一项项罗列，侧重信息特色，用一段文章来表达会更好。

②表明"期望目标"的"中期展望（经营计划）"

中期展望是 "中期经营计划"的根本。

前文提到"企业哲学是最终目标"，其中最明确的目标应该就是中期展望。

企业理念是长期目标，而中期展望就是3至5年后的目标，在企业哲学中发挥"子目标"的作用。

---

① 甲午战争后由"和魂汉才"转变而来的思想，即主张向西方学习。"和魂"指大和民族的精神，而"洋才"则是指西洋的科技。该精神鼓励日本国民学习西方文化，同时也要求国民保留日本传统文化。

实现中期展望，公司可以获得成就感和自我价值感，推动进一步的发展和挑战。

中期展望不同于企业理念，应该加入目标销售额和增长率等具体数值目标。

既然称为"展望"，就必须让员工对实现目标后的公司状况有直观的印象。"3 至 5 年后要带领员工走到哪里"，这就是中期展望。考虑这个问题也是经营者和高层管理者的工作。员工对此抱有期待，也应该认识到（经营者和高层管理者）"在考虑将我们带到哪里"。

③ "高水平员工的行为"表明了"应该以怎样的状态工作"

高水平员工也就是业绩好的人、"能干的员工"。

他们的"能够取得成果的有益的行为"可以作为典型，以让其他员工也具备与他们同样的工作能力。因此，指明"具体应该如何行动"也是企业哲学的要素之一。

这里得出的行为分析的结果，就是制订工作手册和检查表的基础。

当然，高水平员工的"能够取得成果的有益的行为"

也并不是一成不变的。随着社会和经济形势变化、时代变迁，提高销售业绩的行为也会发生变化。

有的员工过去曾经是高水平员工，但现在采取同样的行为却不能取得好的业绩。

所以也需要不断修改。

不是只要进行一次行为分析就可以一劳永逸。每年制订经营计划时，都需要重新思考"高水平员工为什么会成为高水平员工"，重新进行行为分析。

接下来探讨一下"企业理念"、"中期展望"、"高水平员工的行为"在员工当中如何确立下来。

无论想确立什么内容，最重要的都是"具体化"。

可以说，行为科学的概念（工具）中，最值得使用的就是前面多次提到的 MORS 法则（参照 39 页）。

利用 MORS 法则对行为进行分解，明确应该采取怎样的行为。

这就是本书所讨论的，"实现公司目标"的关键工作。

企业哲学的构成要素

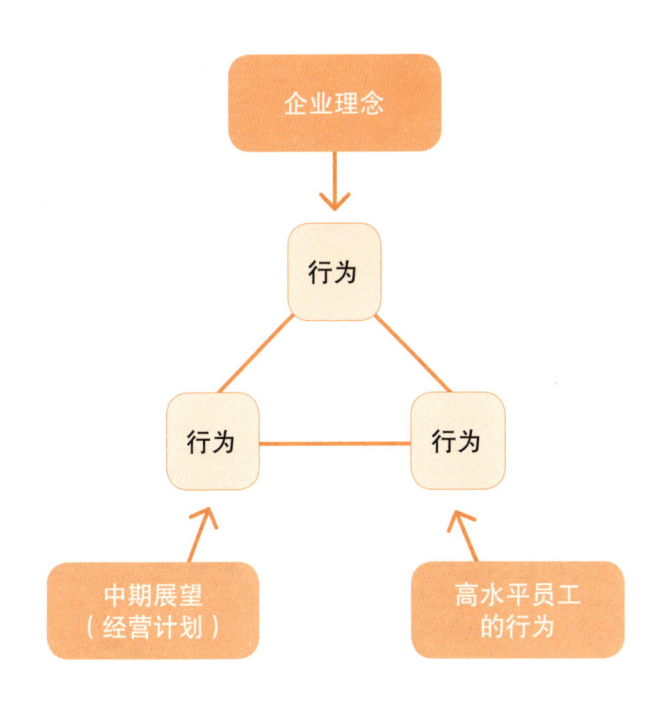

```
          ┌─────────┐
          │ 企业理念 │
          └────┬────┘
               ↓
           ┌──────┐
           │  行为 │
           └──┬───┘
          ╱       ╲
    ┌──────┐   ┌──────┐
    │  行为 │───│  行为 │
    └──↑───┘   └──↑───┘
       │           │
┌──────────┐  ┌──────────┐
│ 中期展望  │  │ 高水平员工 │
│(经营计划) │  │  的行为   │
└──────────┘  └──────────┘
```

使用 MORS 法则，将构成企业哲学的三个要素落实到"具体行为"，并确立下来。

企业理念：展现公司的独特魅力

● "缺乏人才"，就更需要理念

企业理念，就是企业应该实现的姿态，即大目标。

因此，无论企业规模大小，经营者都需要提出经营理念，这对于公司的继续发展是不可或缺的。

"企业理念无非就是装饰品罢了。"

"只要堆砌一些华丽的辞藻就可以了。"

"比起理念，还是销售额更重要。"

经常能听到有人这样说。

他们认为企业理念毫无用处。

但是，企业理念是员工行为的"规范"和"依据"。

"这种情况下，要怎样做才符合我们公司的风格？"

"我们公司最重视的是什么？"

如果没有这些依据，员工就不知道公司的前进方向，也难以对公司产生归属感和忠诚度。

而今后的时代，员工的归属感和忠诚度将会成为公司经营中的关键词。

今后，就是因人口减少而"人才匮乏的时代"。

没有年轻员工，有员工离职，却很难再招到新人。而且，随着市场的缩小，顾客也会减少。

处于这样的时代，如果公司不能明确地提出自己的目标，就很难吸引到人才。

如果不能向员工传达"大家一起坚守下去"的理念，不能向顾客宣传"我们会坚守这个理念"，公司就失去了个性。

个性，就是公司独特的"魅力"。

没有魅力（不能很好地宣传自己）的公司，员工无法产生归属感和忠诚度，顾客也不会予以关注。

企业理念就是企业的特色，是企业应该追求的"独特魅力"。

➲ 怎样让企业理念确立下来？

认为"企业理念就是装饰品"的人，在实际工作中也没有将企业理念视为经营工具，而只是将其作为"装饰品"。

这是由于理念缺乏具体性，即没有对行为进行分解。

如果这样的话理念确实只能是装饰，没有任何意义。

但是如果员工可以将企业理念视为工具，并思考自己应该怎样做，公司就会取得显著的发展。

所以考虑企业理念也应该是经营计划的一个环节，如果现有的企业理念只是单纯的漂亮话或者空谈理想，就需要"将理念落实为行为"。

按阶段划分，首先应该将企业理念落实为"行为宗旨"。

在工作手册部分曾经介绍过"无印良品"（良品计划），这家公司的企业理念如下。

- 探求良品的价值（Quest Value）
- 发展的良性循环（Positive Spiral）
- 优良合作伙伴关系（Best Partnership）

可以看出，这些企业理念以"良"为关键词，非常符合无印良品的形象。

下一步是将理念落实为行为方针（在良品计划中叫作"行为基准"）。

1. 坚持听取顾客反馈
2. 以全球性视角思考并开展行动
3. 与区域社区共同繁荣
4. 诚实、正直
5. 任何问题都要沟通

行为方针，就是指出实现企业理念应该怎么做。

这是第二步。我还提倡继续进行第三步，落实到"应该传承的行为"上。

应该传承的行为，就是看到员工这么做之后，别人会说"果然是那个公司的员工"。

在行为方针中找到适合自己公司员工的内容，运用MORS法则对其进行行为分解，再传达给员工。

"企业理念"→"行为方针"→"传承行为"，这就是落实企业理念的步骤。

落实企业理念的步骤

自己公司的理念	

↓ MORS

行为方针	・ ・ ・ ・ ・

选择适合本公司员工的内容

↓ MORS

传承行为	

经营计划：让员工看到挑战和发展

➡ "延长线"上，员工不会有激情

在人口减少时代，公司难以随时获得足够的人才。要"确保实现公司目标"，必须将现有员工改造成"能干的员工"。

因此必须制订相关"机制"，具体指示员工"应该怎样行动"，并操控结果（赋予动机），促使行为继续。

在这样的大前提下，员工才会朝着经营计划，也就是"公司目标"行动。

本书主要讨论的是3至5年后的中期经营计划。

当然，考虑公司的10年后、20年后也很重要，但是对于员工来说，实现公司10年后、20年后的目标有点难以想象。

所以首先要以实现中期经营计划作为目标。

冒昧问一下,您公司的经营计划"有吸引力"吗?

可能有人会想,

"有吸引力的经营计划?那是指什么?"

"为什么必须有吸引力?经营计划不就是数字目标嘛!经过分析预测,设定公司应该实现的数字目标,这就是经营计划。"

很多人都这么认为。

但是仅仅提出数字目标,并不能让员工行动起来。

因为只有数字目标的经营计划只是现状的"延长线"。

当然,数字目标只能根据现状来制订,而不能是异想天开的数字。

但是,"继续努力,业绩就能提升百分之几""按这个情况,销售额会达到多少亿日元"等目标,仅仅是现状的延长,完全没有"挑战"和"发展"的感觉。

"有吸引力的经营计划",应该能让员工看到公司的"新挑战"。

这不是指简单地"规划新业务"。市场萎缩的时代,确实需要新的商务模式,但是首先应该在员工的行为层面,体现出"不同于以往的努力"。

为什么需要"挑战"和"发展"的印象呢?

原因就像第一章介绍的,如果公司停止了发展,优秀人才就会辞职。

公司不挑战,就没有发展的可能,员工就无法感受到它的魅力。向员工表明,"公司正在发展前进",号召员工"与公司共同发展",也是经营计划的作用。

从三个角度来分解

员工应该采取的"实现经营计划所需的不同于以往的努力"叫作"战略行为"。

战略行为可以从以下三个角度进行行为分解。

①独特性

这是为了进一步加强本公司不同于其他竞争企业的"独特优势",而必须采取的行为。

简单来说,就是"被顾客需要的理由,以及如何强化这些理由"。

如果服务比其他公司更细致是顾客选择本公司的理由,那么为了强化这一点,应该坚持哪些行为?我们可以用 MORS 法则来进行行为分解。

②挑战课题

是否提出了全新的挑战,而不仅仅是延续过去,这很大程度上决定了经营计划是否具有吸引力。

可以通过具体行为提出一些新的尝试,例如引进之前没有实行过的营销技巧或者促销活动、开发新产品等。

但是,"根本不可能"的脱离现实的挑战,吸引力再大都不行。

只有可以通过循序渐进的努力一定能够实现的目标,才适合作为挑战课题。因此,这里尤其应该明确"子目标"。

③能力开发

探求每个员工应该新开发哪些能力。

提出员工个人应该提高的能力,如沟通技巧、各技术岗位需要具备的技术能力等,并指出应该怎样学习,怎样落实到行动。

因此,重新修订工作手册和检查表,也应该是经营计划的一部分。

如果不从这三个角度分解员工的行为,列出"战略行为"的话,经营计划是不会在员工中确立下来的。

● 设立经营计划执行委员会

要将战略行为传达给一线,需要将高层理念自上而下地传达下去。

理想的传达顺序是这样的:

①经营者和高层领导者将中期计划传达给部长
②经营者和高层领导者批准部长分解的战略行为
③部长将获得批准的战略行为传达给一线管理者
④一线管理者运用 MORS 法则落实到具体行为
⑤经营者和高层领导者检查是否进行了行为分解

做这些工作时，经营者和高层领导者应该设立"经营计划执行委员会"，将各部长、一线管理者都纳入其中，大家一起去做。因为如果单独作业，各部门很容易只盯着自己部门本年度的数字目标。

而经营计划应该重视的是"横向联系"。

再强调一下，由于人口减少，今后的商业模式也会发生很大变化。

让我们现在就开始改变"3至5年后公司状态"的工作吧！

经营计划的落实步骤

中期展望 （经营计划）	

⬇ MORS

独特性	挑战课题	能力开发

⬇ MORS　　⬇ MORS　　⬇ MORS

战略行为	

人才危机

能干的员工

成为习惯

行动起来

实现目标

高水平员工的行为：直达公司目标

● 需要首先确立的内容

对高水平员工，即"能干的员工"进行行为分解，使他们的行为在其他员工身上也得以确立下来。如果把这项措施作为"企业哲学"的一部分，可能会有人觉得不太合适。

但我认为，考虑"员工以怎样的状态（行为）工作更有益"，将其明确表达出来，并让员工提出反馈，这是企业哲学中非常重要的一项。

本书反复强调，在今后的时代，将现有员工提升为"能干的员工"，是企业生存下去的最佳之策。

因此，将理念、经营计划落实到每个员工，提出"要成为怎样的公司"，并将"希望员工怎样做"明确落实到行为层面，这是经营者和高层领导者建立机制所必须完成的工作。

要实现公司目标,最重要的是每一名员工的行为。让每个员工都掌握高水平员工的做法,也可以说这是需要员工首先落实的,每个部门的"短期目标"。

正如前文介绍的,对"能干的人"进行行为分解,需要制订工作手册和检查表,进行检查和反馈(评价)。

如果检查和反馈机制执行得不彻底,员工的有益行为就无法确定下来。

那么由谁来做检查和反馈的工作呢?是一线的管理者。

再强调一下,今后一线管理者承担的责任会变得极为重要。

这里不做详细介绍了,我提出的行为固化指导技巧当中,将甄选进行检查和反馈的教练,即支援者,作为第一步(支援者不局限于一线管理者,也可以起用外部人才)。本书主要关注建立全公司的机制,关于行为固化指导的详细内容请参考拙著《这样做指导,难带员工变能干!》[①]。

[①] 石田淳. 这样做指导,难带员工变能干![M]. 范宏涛,译. 南昌:江西人民出版社,2016.

高水平员工的行为分解步骤

| 高水平员工的行为
（重要的业务流程） | |

⬇ MORS

| 精准行为 | |

⬇ MORS　　　　　结合员工水平进行分解！

| 分解之后的精准行为 | <ul><li></li><li></li><li></li><li></li><li></li><li></li><li></li><li></li><li></li><li></li></ul> |

分解高水平员工的行为，并确定下来，关键是要"结合员工的水平，对精准行为进行分解"。

无论员工是新人，还是有一定经验的人，或是沟通不便的外国人，都需要进行详细分解。

"机制"是公司的武器

● 工作不是为了"享受"

关于实现公司目标,还有一点最后希望读者清楚。

就是员工自发坚持行为,与让员工乐此不疲,是不同的。

"员工积极享受工作的环境才是最好的!"

管理者之所以会有这种想法,是因为他们有所误解。制订公司机制,并不是为了让员工"享受"。

虽然经营计划需要"有吸引力",但这并不意味着必须让员工每天都愉快开心地工作。

说得更极端一点,工作并不是享受。

比如,我爱好马拉松,经常会有人问我,"跑马拉松的时候开心吗?"

我的答案是,"并不开心,非常难受"。

脚很疼、呼吸困难……练习再多还是很难受,根本不可能觉得"很开心"。

那么想到"跑完"的目标会觉得享受吗?依然不会,难受就是难受。

那为什么还要多次挑战马拉松呢?

因为跑步时能够体会到实现自己设定的子目标的成就感和自我价值感,经过不断积累,可以实现最终目标,还有比赛结束后与伙伴们一起痛饮啤酒的"动机"。

可以说,我爱好马拉松不是因为"跑步是享受",而是因为有从痛苦中派生出来的"奖励"作为目标。

● 什么是"重视员工"?

工作也是一样。

日常业务本身很难让人感受到乐趣。工作中存在各种困难,并不都能转化为乐趣和愉悦。说到底,困难就是困难。

但是,如果工作,即坚持行为,会产生某种"成果",那么即使是痛苦的工作也可以坚持下去。

这个"成果"在一线层面来自管理者的认可，在公司层面则来自工作手册、检查表、整体薪酬回报以及得到落实的企业哲学等"机制"。

显而易见，今后"重视员工的企业才能生存下去"。

但是这与"让员工享受""体贴员工"不是一回事。

工作是享受吗？不是的。

但是，如果通过行为的积累可以获得"成果"，公司具有可以获得"成果"的"机制"，所有人就会自觉地坚持能够获得成果的行为。

每一名员工的行为的结果，就是公司"百分之百实现目标"。

结 语

感谢大家读完了这本书。

本书讨论了如何制订机制。但是如果经营者、管理者不能实际采取具体行动的话,这一切都只能是纸上谈兵,毫无意义。

很多人止步于读书,参加研讨会的阶段。他们会觉得,"还有这样的思路啊""说得真对",但是仅此而已。

这样其实毫无意义。

技巧再高明,知道的道理再多,仅仅是知道,也不会产生任何意义。

读到这里,您应该已经了解了"坚持的方法""确立下来的方法"。

这些都不需要任何成本。

如果您读完本书，对于公司的未来感到了些许危机感，或者觉得依据行为科学管理制订实现目标的机制具有可行性的话，请从明天开始尝试付诸行动。

您可以进行具体的行为分解，设定子目标，检查自己的行为，并给予自己"奖励"。

希望您能够作为经营者或者管理者，亲自体会到"成就感"和"自我价值感"。

就像前言中说的，管理者的工作很难做。

即使体贴员工、希望他们获得幸福，即使企业理念非常出色，可是如果员工不按照你的想法行动，不与你一起朝着目标前进，这些就都没有意义。

然而如果有了"机制"，你的理念就会在公司确立下来，员工就会自发地坚持行为。

而且员工通过行为实现公司目标时，作为经营者、管理者，将会感受到巨大的成就感和自我价值感。

"目标实现了！"

"我们公司是能做到的！"

对于经营者、管理者来说，这才是最大的喜悦。

这种喜悦，与公司规模的大小无关。

经营者的工作很辛苦。

但是请不要忘记，工作并不只是辛苦，建立机制之后，会有巨大的喜悦等着你！

出版后记

在公司或团队的发展过程中,"年初制订了远大目标,但不到三个月就不了了之"的情况十分常见,这也是经营者和管理者最大的烦恼。

那么究其原因,是目标的内容欠斟酌吗?是目标本身不现实,根本不可能实现吗?

其实,并不一定是目标的问题。很多情况下,是经营者或管理者不知道方法,没有使目标在整个公司或团队中确立下来,分解为便于员工实行并坚持下去的行为。

本书作者石田淳先生被誉为日本行为科学管理领域的第一人,曾经为600多家公司和上万名商务人士提供相关咨询服务。同时他也是一位马拉松和铁人三项运动的爱好者,曾参加超级马拉松、南极极限马拉松及铁人三项、撒

出版后记

哈拉沙漠超级马拉松等赛事并跑完全程。

在介绍如何建立百分之百实现公司或团队目标的机制时，石田淳先生曾经以自己从过去完全没有跑过马拉松到取得上述成绩的过程为例进行说明。

跑马拉松并不是令人愉快的享受，但通过循序渐进的训练带来的自我价值感，以及各种"动机"激励和不断积累，他最终实现了跑完全程的目标，并参加了多次挑战。

石田淳先生认为工作也是一样。日常业务本身很难让人感受到乐趣，工作中的各种困难并不都能转化为乐趣。因此需要建立相应的机制，将目标分解为具体行为，设定能够激励员工坚持下去的动机，使员工不断重复有利于取得成果的行为，最终确保目标得以实现。

在市场竞争日益激烈，企业未必能够获得足够"人才"的条件下，本书能够帮助经营者或者管理者将现有员工变为能干的人才，百分之百实现公司或团队的目标。

服务热线：133-6631-2326　188-1142-1266
读者信箱：reader@hinabook.com

后浪出版公司
2017 年 10 月

图书在版编目（CIP）数据

使命必达：百分之百实现目标的行为科学管理法 /（日）石田淳著；蔡晓智译. — 北京：中国华侨出版社，2017.10
ISBN 978-7-5113-7053-2

Ⅰ. ①使… Ⅱ. ①石…②蔡… Ⅲ. ①企业管理 Ⅳ. ①F272

中国版本图书馆CIP数据核字(2017)第226097号

KAISHA NO MOKUHYO WO ZETTAI NI TASSEISURU "SHIKUMI" NO TSUKURIKATA
BY JUN ISHIDA
Copyright © 2015 JUN ISHIDA
Original Japanese edition published by KADOKAWA CORPORATION, Tokyo.
All rights resverved
Chinese (in Simplified character only) translation copyright © 2017 by Ginkgo (Beijing) Book Co., Ltd.
Chinese (in Simplified character only) translation rights arranged with KADOKAWA CORPORATION, Tokyo. through Bardon-Chinese Media Agency, Taipei.

本书中文简体版由银杏树下（北京）图书有限责任公司版权引进。
版权登记号 图字 01-2017-6326

使命必达：百分之百实现目标的行为科学管理法

著　　者：[日]石田淳
译　　者：蔡晓智
出 版 人：刘凤珍
责任编辑：待　宵
筹划出版：银杏树下
出版统筹：吴兴元
营销推广：ONEBOOK
装帧制造：墨白空间·曾艺豪
经　　销：新华书店
开　　本：889mm×1194mm　1/32　印张：5　字数：78千字
印　　刷：北京盛通印刷股份有限公司
版　　次：2018年1月第1版　2018年1月第1次印刷
书　　号：ISBN 978-7-5113-7053-2
定　　价：36.00元

中国华侨出版社　北京市朝阳区静安里26号通成达大厦3层　邮编：100028
法律顾问：陈鹰律师事务所
发 行 部：(010) 64013086　传真：(010) 64018116
网　　址：www.oveaschin.com　E-mail：oveaschin@sina.com

后浪出版咨询(北京)有限责任公司
未经许可，不得以任何方式复制或抄袭本书部分或全部内容
版权所有，侵权必究
如有质量问题，请寄回印厂调换。联系电话：010-64010019